Club des filles™

COMMENT ÊTRE LA
meilleure

Texte de Juliana Foster
Illustrations de Amanda Enright
Sous la direction de Philippa Wingate
Design par Zoe Quayle

Un grand merci à Ellen Bailey,
Liz Scoggins, Jo Rooke et Chris Maynard

Club des filles MC

COMMENT ÊTRE LA meilleure

© 2010 Les Publications Modus Vivendi inc. Club des filles et les logos qui s'y rapportent sont des marques de commerce de Les Publications Modus Vivendi inc.

© 2007 Buster Books pour le texte original et les illustrations

Presses Aventure, une division de
LES PUBLICATIONS MODUS VIVENDI INC.
55, rue Jean-Talon Ouest, 2ᵉ étage
Montréal (Québec) H2R 2W8, Canada

Publié pour la première fois en 2007 en Grande-Bretagne par Buster Books, une division de Michael O'Mara Books Limited, sous le titre : *The Girls' Book How to be the Best at Everything*

Dépôt légal : Bibliothèque et Archives nationales du Québec, 2010
Dépôt légal : Bibliothèque et Archives Canada, 2010

ISBN 978-2-89660-078-6

Nous reconnaissons l'aide financière du gouvernement du Canada par l'entremise du Programme d'aide au développement de l'industrie de l'édition (PADIÉ) pour nos activités d'édition.

Gouvernement du Québec – Programme de crédit d'impôt pour l'édition de livres – Gestion SODEC

Imprimé au Canada

TABLE DES MATIÈRES

NOTE AUX LECTRICES

L'auteur et l'éditeur déclinent toute responsabilité quant aux accidents pouvant survenir lors d'une activité proposée par cet ouvrage.

N'oublie jamais que pour être la meilleure partout, il faut d'abord faire preuve de bon sens dans tout ce que l'on fait : assure-toi de toujours porter une tenue adaptée et respectant les consignes de sécurité, n'enfreins jamais aucune loi ni aucune règle du pays dans lequel tu te trouves et respecte les autres.

Pas d'erreur, c'est toi la meilleure !

COMMENT EXPLIQUER SES RETARDS

Si un jour tu arrives en retard en classe (bien que tu n'y sois pour rien, évidemment), prépare quelques petites excuses pour éviter les ennuis.

«En arrivant ici, je me suis rendu compte que j'étais encore en pyjama et j'ai dû retourner à la maison me changer.»

«Quand je suis arrivée, il n'y avait personne dans la salle alors je suis partie à leur recherche.»

«J'ai été enlevée par des extraterrestres qui voulaient étudier les humains. Ça a duré cinquante ans, mais heureusement, en temps terrestre ça ne représente qu'une heure!»

«J'ai inventé une machine à voyager dans le temps et j'ai vu mon bulletin de notes. Comme je n'avais que des 20, je me suis dit que je pouvais bien me reposer un peu.»

«J'aidais le Petit Poucet à retrouver son chemin.»

«J'ai appuyé trop fort sur le dentifrice et j'ai dû passer la matinée à remettre la pâte dans le tube.»

«Mes parents avaient égaré la clé de ma cage.»

«Je ne peux vraiment pas vous révéler la raison de mon retard. Les services secrets me l'ont interdit.»

«Je ne suis pas retard... ce sont les autres qui sont en avance!»

«J'ai rêvé que j'étais première de la classe, alors j'ai préféré faire la grasse matinée.»

COMMENT ÊTRE JOLIE SUR LES PHOTOS

Avoue-le, tu possèdes bien quelques photos qui te font mourir de honte dès que tu les regardes? Et bien, suis les conseils suivants et tu seras toujours resplendissante.

• Ne prends pas la pose. Plus tu seras naturelle, plus la photo sera réussie.

• Tiens-toi droite et garde la tête haute. Installe-toi légèrement de profil en mettant une jambe devant l'autre comme sur le dessin ci-dessous. Cette position de trois quarts va mettre en valeur ton visage et ta silhouette.

• Souris : personne n'est à son avantage quand il fait la tête. On a déjà dû te demander de dire «Cheese», mais attention, cela donne souvent un sourire forcé. Pour obtenir un sourire naturel sans te crisper, appuie la pointe de ta langue contre les dents du haut.

• Ouvre grand les yeux (pas trop pour ne pas avoir l'air ridicule. Ne regarde pas directement l'objectif sinon tu auras les yeux rouges sur la photo. Fixe plutôt un point quelques centimètres au-dessus de l'appareil.

• Détends-toi. Juste avant que la photo soit prise, inspire profondément et expire.

COMMENT CONFECTIONNER UNE CAPSULE TEMPORELLE

Que dirais-tu de laisser un témoignage de ta vie et de ton époque aux générations futures? Pour cela, choisis un récipient pouvant être fermé hermétiquement pour protéger son contenu, comme une boîte en plastique par exemple. Écris « À ne pas ouvrir avant l'an 2025 », ou n'importe quelle autre date sur le couvercle. Voici quelques objets que tu pourras ensuite déposer dans ta capsule.

• Une lettre ou un enregistrement destiné à la personne qui trouvera la boîte. Précises-y la date du jour et parles-y de toi et de ta vie. Tu pourrais également y décrire le futur selon toi.

• Quelques photographies de ta famille et ton arbre généalogique (voir pages 58 et 59).

• Le dernier numéro de ton magazine préféré.

• Une compilation de tes chansons favorites sur un CD.

• Une pièce toute neuve frappée cette année.

• Ne mets ni d'objets de valeurs ni de nourriture dans la capsule.

Quand la boîte est pleine, enterre-la ou dépose-la dans ton grenier.

COMMENT RÉUSSIR
SES SOIRÉES PYJAMAS

Grâce aux astuces suivantes, tu seras bientôt la reine des soirées entre filles, celle chez qui elles veulent toutes aller dormir.

• N'invite pas plus de quatre personnes pour être sûre qu'aucune ne se sent mise à l'écart. Envoie des invitations que tu auras faites toi-même bien en avance pour que tes amies ne prévoient rien le soir de la fête. Demande-leur de te répondre dès que possible pour organiser ta soirée selon le nombre d'invitées.

• Choisis un thème et demande à chacune de tes amies de venir avec un objet qui s'y rapporte, c'est plus amusant. Si tu organises une soirée «salon de beauté» par exemple, elles pourront apporter des fers à friser et du maquillage. Prévois des activités et décore ta chambre en fonction du thème que tu auras choisi.

• Réfléchis à quelques jeux pour ta soirée et rassemble tout ce dont tu auras besoin avant que tes invitées arrivent. Demande à tes amies d'apporter leurs CD, leurs DVD et leurs jeux de société préférés.

• Sois une hôtesse irréprochable. Assure-toi que tes invitées ne manquent de rien et savent où se trouvent la salle de bain et les toilettes. Tes amies doivent avoir tout ce qu'il faut pour dormir; demande-leur d'apporter des sacs de couchage si nécessaire.

• N'oublie pas de prévoir suffisamment de nourriture : des friandises pour la soirée et plein de bonnes choses pour le petit-déjeuner.

• Surtout, assure-toi que tes invitées respectent la règle d'or de toute soirée pyjama : les secrets qu'on y raconte ne doivent pas en sortir!

COMMENT APPRENDRE À SON CHIEN À DONNER LA PATTE

Dresser son chien à s'asseoir ou à venir quand on l'appelle, c'est à la portée de tout le monde, mais lui apprendre à donner la patte, voilà un tour qui étonne chaque fois.

Commence à entraîner ton chiot lorsqu'il atteint l'âge de douze semaines. Sois toujours rigoureuse et patiente durant l'apprentissage. Tu dois te montrer ferme et autoritaire sans cependant crier ni frapper ton animal.

1. Apprends à ton chien à s'asseoir face à toi. Félicite-le quand il obéit et donne-lui une petite friandise.

2. Attrape délicatement une de ses pattes de devant et tiens-la dans ta main en disant « Donne la patte ».

3. Récompense aussitôt ton animal avec une friandise puis répète l'exercice plusieurs fois.

4. Ensuite, tends la main vers ton chien en disant « Donne la patte ». Répète cet ordre plusieurs fois pour que l'animal comprenne ce qu'il a à faire. S'il ne réagit pas, attrape sa patte en disant « Donne la patte ».

5. Persévère – il finira par comprendre.

COMMENT FAIRE DES OMBRES CHINOISES

Épate tes amis et ta famille avec un superbe spectacle d'ombres chinoises.

Pour rendre ton numéro encore plus exceptionnel, installe-toi dans une pièce sombre peinte en blanc ou d'une couleur très claire. Dirige le faisceau d'une puissante lampe de bureau vers un mur et place tes mains juste devant. Si tu en as envie, tu peux même demander à une amie de rejoindre ton théâtre d'ombres.

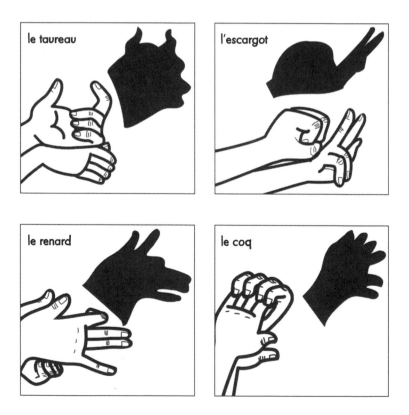

le taureau

l'escargot

le renard

le coq

COMMENT ÊTRE LA MEILLEURE

le chef indien

l'éléphant

le chat

l'araignée

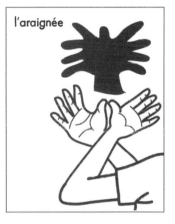

le cygne

COMMENT ÉVITER LES VILAINES ODEURS DE PIEDS DANS SES CHAUSSURES

Voici quelques solutions pour éviter ce moment particulièrement gênant où, lorsqu'on enlève ses chaussures, tout le monde se met à hurler en se bouchant le nez... Ces techniques sont cent pour cent efficaces pour conserver des chaussures fraîches comme au premier jour.

• Dépose plusieurs sachets de thé neufs dans chaque chaussure et laisse-les là pendant quelques jours.

• Saupoudre l'intérieur de tes chaussures de talc.

• Verse quelques gouttes d'huile essentielle sur les semelles intérieures. Essaie l'essence d'arbre à thé, de rose ou de menthe poivrée.

• Remplis deux chaussettes propres de litière pour chat (de la litière que ton chat n'a pas encore utilisée, c'est mieux), et laisse-les dans tes chaussures toute une nuit.

• Glisse des feuilles d'adoucissant pour textile au fond de tes chaussures, sous les semelles intérieures.

COMMENT SAUVER LE MONDE

Avec ces quelques trucs simples et efficaces, tu pourras participer au sauvetage de notre monde menacé par la pollution, les gaz à effet de serre et le réchauffement climatique.

• Assure-toi que toutes les lampes de ta maison sont équipées d'ampoules économiques. Éteins toujours la lumière quand tu quittes une pièce.

• Ne laisse jamais la console de jeu, la télévision, le lecteur DVD ou le magnétoscope en veille quand tu ne t'en sers pas, car cela consomme de l'électricité. Prends le temps d'éteindre ces appareils correctement.

• Demande à ta famille de respecter le tri sélectif. Les journaux, le verre, les boîtes de conserve et le papier doivent être recyclés.

• Ne jette pas les jouets, les livres ou les CD dont tu ne veux plus. Fais-en don à une association caritative.

• Réutilise les objets autant que possible. Emporte avec toi des sacs en plastique pour aller faire les courses et transforme les pots de confiture vides en jolis pots bougeoirs pour éclairer les soirées barbecue en été.

• Ne gaspille pas l'eau. Ferme le robinet pendant que tu te brosses les dents pour éviter le gâchis et remplis un verre pour te rincer la bouche. Ne laisse pas couler l'eau quand tu fais la vaisselle, rince plutôt les assiettes et les couverts dans une bassine d'eau propre. Demande à tes parents d'acheter une citerne pour recueillir l'eau de pluie et arroser le jardin.

• Lorsque tu as froid, mets un chandail au lieu de monter le chauffage.

COMMENT FABRIQUER UN CERF-VOLANT

Lorsqu'il y a beaucoup de vent, rien de tel qu'un cerf-volant pour s'amuser.

1. Fabrique le corps de ton cerf-volant à l'aide de deux pages doubles décrochées au milieu d'un magazine. Colle le bas d'une page au sommet de l'autre avec du ruban adhésif de façon à obtenir un grand rectangle.

2. Pour donner une forme à ton cerf-volant, mesure avec une règle 18 cm en partant de chaque coin et fais chaque fois une petite marque avec un crayon à mine de plomb. Relie ces marques comme indiqué ci-dessous et découpe le papier le long de ces lignes.

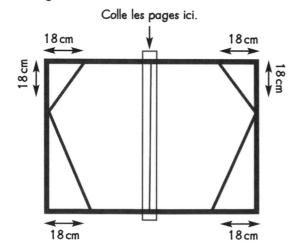

Colle les pages ici.

18 cm   18 cm

18 cm   18 cm

18 cm   18 cm

3. Il faut à présent que tu renforces ton cerf-volant avec du ruban adhésif. Mets-en le long des bords ainsi qu'horizontalement et verticalement d'angle en angle comme sur le dessin ci-contre.

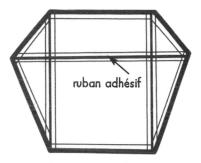

ruban adhésif

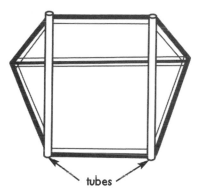

tubes

4. Détache encore deux pages doubles de magazine et roule-les pour former deux tubes : commence par un angle et roule la feuille en diagonale jusqu'à l'autre angle. Colle les tubes avec du ruban adhésif comme indiqué ci-contre.

5. Coupe 1,5 m de ficelle. Colle l'une des extrémités dans l'angle supérieur gauche du cerf-volant puis fixe l'extrémité opposée à l'angle supérieur droit. Attache une longueur de ficelle de 20 m au centre de cette ficelle pour former la ligne de vol.

6. Coupe un nouveau morceau de ficelle de 1,5 m de long et fixe-le dans la largeur au bas du cerf-volant entre les deux épaisseurs de papier. Maintenant, tu peux fabriquer une queue pour ton cerf-volant avec du ruban ou du papier coloré et l'accrocher à cette ficelle.

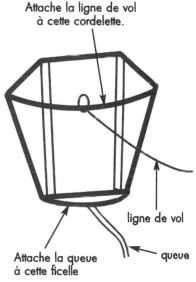

Attache la ligne de vol à cette cordelette.

ligne de vol

Attache la queue à cette ficelle

queue

19

COMMENT COMPOSER
LE PLUS BEAU DES HAÏKUS

Le nom haïku, qui désigne une forme de poésie, vient du japonais haïkaï no ku qui veut dire «petit poème».

Les haïkus sont toujours composés de trois vers. Le premier vers compte cinq pieds, chaque pied correspondant à une syllabe. Le mot chat par exemple, ne compte qu'une seule syllabe tandis que le mot a-lli-ga-tor en compte quatre. Le premier vers d'un haïku présente le sujet du poème, le deuxième vers, composé de sept pieds, décrit les actions de ce sujet et le dernier, long de cinq pieds, fait office de conclusion ou de chute.

Voici deux exemples :

Le soleil sur l'eau
Illumine les roseaux
Où dorment les truites.

La pie noire et blanche
Mange des vers
Dans le jardin en fleur.

COMMENT PERSONNALISER SES T-SHIRTS

Stop! Ne jette surtout pas ce vieux t-shirt que tu ne portes plus, car avec l'une des techniques suivantes tu vas pouvoir le transformer en formidable accessoire de mode.

• Fabrique des pochoirs en découpant des lettres ou des formes dans du carton fin (paquet de céréales). Fixe le pochoir sur le t-shirt avec du ruban adhésif puis recouvre-le de peinture pour tissu. Attends que la peinture soit bien sèche pour retirer le pochoir. Si tu veux expérimenter d'autres styles, laisse goutter la peinture ou projette-la à l'aide de ton pinceau sur le pochoir.

• Décore ton t-shirt avec des boutons de tailles, de couleurs et de formes différentes. Commence d'abord par choisir la position des boutons : fais plusieurs essais pour trouver le motif qui te convient : une large bande de boutons le long du col donne un très joli résultat. Maintenant, couds-les sur le t-shirt avec du fil et une aiguille, ou triche un peu et fixe-les avec de la colle pour tissu.

• Rassemble différentes chutes de tissu avec lesquelles tu pourras créer des motifs sur le devant ou le dos du t-shirt. Utilise de la colle pour les fixer et ajoute de la peinture sur les bords pour maintenir les chutes bien en place.

• Essaie la teinture au nœud! Cette technique utilise de la teinture alors installe-toi dehors si possible et attention aux éclaboussures! Porte des gants en caoutchouc et de vieux vêtements (eh oui, la teinture, ça tache).

Pour que la teinture prenne bien, utilise un t-shirt 100 % coton. Dans une bassine, dissous un paquet de teinture en poudre dans un litre d'eau chaude puis ajoute cinq cuillerées à soupe de gros sel. Laisse refroidir le mélange jusqu'à ce qu'il soit à température ambiante. Maintenant, attache un long morceau de ficelle à un des coins inférieurs du t-shirt. Roule le t-shirt sur lui-même et enroule la ficelle tout autour jusqu'au col. Fais un nœud bien serré pour maintenir le tissu en place. Plonge le t-shirt dans la teinture, laisse-le tremper pendant 20 minutes puis retire-le et attends qu'il soit complètement sec avant d'enlever la ficelle. Rince abondamment.

• Si tu as vraiment tout essayé pour donner une nouvelle vie à ton vieux t-shirt et qu'il est toujours aussi vilain, sers-t-en pour gagner un peu d'argent en nettoyant la voiture des voisins. Comme ça, tu pourras t'en acheter un tout neuf!

COMMENT RÉGLER SES CONFLITS À L'ÉCOLE

Tout le monde a au moins une fois dans sa vie rencontré des problèmes avec une bande de petits malins qui veulent jouer les gros durs. S'il t'arrive de te faire chahuter, n'oublie surtout pas que tu n'y es pour rien : ce sont eux qui ont un problème. En revanche, tu dois tout de suite en informer une personne responsable.

Va trouver un professeur, tes parents ou un autre adulte de confiance et raconte toute l'histoire. Même si tu ne veux pas qu'ils interviennent pour régler le problème, ils pourront te soutenir, te conseiller et t'aider à te défendre toute seule. Du reste, tu te sentiras beaucoup mieux une fois que tu auras partagé tes soucis. La plupart des établissements scolaires ont un règlement strict en ce qui concerne les violences à l'école et les professeurs savent souvent très bien comment régler ces conflits.

Essaie d'avoir l'air sûre de toi, car ces élèves qui cherchent à intimider les autres ne sont pas très courageux et s'atta-

quent souvent aux plus faibles. Tiens-toi droite, garde la tête haute et parle fort et distinctement en regardant ton interlocuteur droit dans les yeux.

Ne prête surtout aucune attention aux attitudes et aux remarques menaçantes ou insultantes pour bien montrer à leurs auteurs que tu t'en moques et que cela ne te touche pas. Ils vont très vite se lasser et te laisser tranquille.

Essaie de trouver des solutions aux situations difficiles avant qu'elles ne se produisent. Répète quelques phrases que tu pourrais répondre lorsqu'on se moque de toi. Les pleurs et les cris ont tendance à envenimer les problèmes tandis qu'une petite remarque intelligente, ni méchante ni moqueuse, donne aux autres l'impression que la personne est confiante et pas du tout intimidée. Essaie de toujours rester calme et raisonnable.

En général, les personnes violentes ne s'attaquent pas à ceux qui sont entourés d'amis. Fais donc l'effort d'aller voir les élèves solitaires, ainsi tu te feras de nouveaux amis et tu tiendras les bagarreurs à bonne distance.

Personne n'a le droit de persécuter les autres. Résiste toujours au chantage, n'encourage jamais les actes violents et surtout, n'essaie jamais d'intimider d'autres personnes.

COMMENT TRANSFORMER UNE FEUILLE DE PAPIER EN GRENOUILLE

Grâce à ce petit projet d'origami, tu vas obtenir une grenouille qui, avec un peu d'entraînement, va réaliser des sauts de deux mètres de long ou de soixante centimètres de haut! Propose à tes amis de fabriquer la leur pour que vous puissiez les faire concourir. Ils verront bien qui est la meilleure!

1. Découpe un rectangle de 8 cm sur 5 cm dans le carton d'un paquet de céréales vide.

2. Plie puis déplie le carton selon la diagonale AD puis selon la diagonale BC de façon à former une croix qui occupe trois quarts du rectangle.

3. Ensuite, plie et déplie le carton le long de la droite EF comme indiqué ci-dessous.

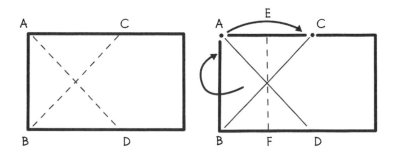

4. Appuie sur le point qui se trouve au centre, là où les lignes se rencontrent. Le carton devrait se plier en sens inverse.

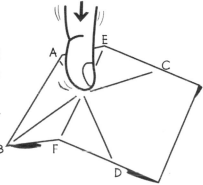

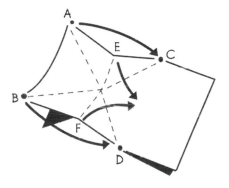

5. Reforme les plis, amène les points E et F vers l'intérieur puis rabats les points A et B sur les points C et D.

6. Voici ce que tu dois obtenir. Rabats les coins A et B comme indiqué ci-contre.

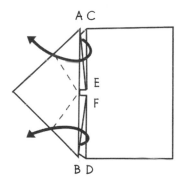

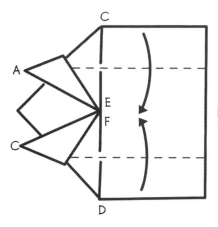

7. Ramène au centre les points C et D comme sur le dessin.

8. Confectionne une sorte de Z (ne marque pas trop les plis) en pliant une première fois le carton au milieu du corps de la grenouille puis à nouveau à un quart de sa longueur.

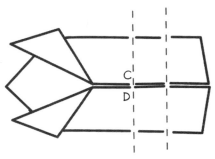

9. Pour faire sauter ta grenouille, appuie sur le bas de son dos puis relâche la pression d'un seul coup pour qu'elle bondisse dans les airs!

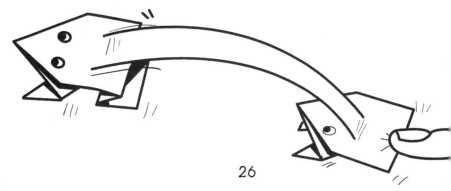

COMMENT FAIRE POUSSER DES TOMATES

On entend souvent dire que les légumes qu'on fait pousser soi-même sont meilleurs que ceux du commerce. Tente l'expérience et essaie de cultiver de délicieuses tomates cerises! Le meilleur moment pour planter tes tomates est à la fin du mois d'avril, une fois que l'hiver est terminé.

1. Achète des graines de tomates cerises en sachet ou ôte la pulpe d'une tomate cerise pour les récupérer. Rince-les puis laisse-les sécher.

2. Remplis des pots de yogourt vides de terreau puis enfonce une graine de tomate au centre de chaque pot et recouvre-la de terre. Arrose légèrement tes semis.

3. Étiquette les pots et dépose-les sur un rebord de fenêtre ensoleillé. Surveille-les chaque jour et arrose-les si nécessaire : le terreau doit toujours être humide. Fais attention de ne pas mettre trop d'eau. Après une semaine environ, tu devrais voir apparaître une petite pousse.

4. Quatre semaines plus tard, les pousses auront bien grandi. Retire doucement les tiges de leur pot sans les abîmer et en prenant le plus de racines possible. Rempote-les bien droit dans de véritables pots de fleurs remplis de terreau.

5. Occupe-toi bien de tes plans de tomates et n'oublie pas de les arroser. Ils devraient donner des fleurs d'ici quelques semaines. Ces fleurs vont ensuite tomber pour laisser la place à de toutes petites tomates vertes.

6. Une fois que tes tomates seront rouges et un peu molles au toucher, elles seront mûres et prêtes à être cueillies et mangées!

COMMENT VOYAGER AVEC UN SEUL ET UNIQUE SAC

Les voyageurs les plus sophistiqués ne s'encombrent pas de tout un attirail inutile. Si toi aussi tu veux faire partie de ces filles fabuleuses qui déambulent comme si de rien était dans les gares et les aéroports avec leur joli sac, il va falloir que tu apprennes à maîtriser l'art de faire ses bagages.

Tout d'abord, tu dois trouver le bon sac. Il faut qu'il soit assez petit pour être accepté comme bagage à main à bord des avions (un vendeur devrait pouvoir te renseigner), léger, facile à porter et à reconnaître.

Dresse une liste de tout ce dont tu auras besoin puis relis-la et élimine ce qui n'est pas absolument nécessaire. Rassemble tous ces objets sur ton lit et barre-les de ta liste au fur et à mesure. Emporte cette liste avec toi pour pouvoir vérifier que tu n'oublies rien sur ton lieu de vacances au moment du retour.

Choisis des vêtements qui s'assortissent les uns avec les autres pour créer différentes tenues. Enroule tes vêtements autour d'autres objets en commençant par ceux qui se froissent le moins, et ainsi de suite.

Transvase tes produits de toilette dans de petites bouteilles et mets tout ce qui pourrait fuir dans un sac en plastique.

Glisse tes sous-vêtements dans tes chaussures : tu gagneras de la place et tes chaussures ne seront pas tout écrasées à l'arrivée.

Plie proprement tes vêtements et range-les dans ta valise. Comble les petits espaces avec des chaussettes.

Enfile les vêtements les plus encombrants pour ne pas avoir à les porter pendant le voyage.

COMMENT RÉALISER
UN ÉQUILIBRE DE GYMNASTE

1. Choisis un endroit où le sol est bien plat et régulier. Il ne doit pas y avoir de meubles ou d'autres obstacles à proximité pour ne pas te blesser en cas de chute. Préfère les terrains herbus où le sol est assez mou.

2. Tiens-toi droite et lève les bras au-dessus de la tête.

3. Balance les bras vers le sol face à toi tout en fléchissant le haut du corps.

4. Lorsque tes mains touchent le sol, tu dois transférer le poids de ton corps de tes pieds à tes mains. Lance les jambes en l'air l'une après l'autre. Voilà le moment critique : si tu ne pousses pas assez fort sur tes jambes, elles vont retomber à terre, en revanche, si tu pousses trop, tu risques de te retourner d'un seul coup!

5. Si tu trouves cela trop dur, entraîne-toi contre un mur ou demande à une amie de t'attraper les mollets une fois que tu as atteint la bonne position.

6. Déplace les mains jusqu'à trouver ton équilibre. Pour t'aider au début, garde les genoux pliés de façon à ce que tes pieds pendent au-dessus de ta tête. Quand tu te seras bien entraînée, essaie de tendre les jambes le plus possible.

COMMENT DEVENIR UNE GRANDE MAGICIENNE

Tous les grands prestidigitateurs savent que la clé du succès réside dans une bonne préparation. Voici les règles d'or à suivre pour des prestations toujours impeccables et sans accroc.

Prépare-toi en entrer en scène...

- Répète de très nombreuses fois tes tours jusqu'à ce que tu puisses les faire les yeux fermés. Entraîne-toi face à un miroir pour avoir une idée de ce que verra le public.

- Prépare le texte que tu diras pendant le spectacle. Quelques petites phrases amusantes suffisent à détourner l'attention du public de tes « truc » de magicienne et le rend encore plus admiratif.

- Ne réalise jamais deux fois le même tour devant ton public, même s'il te le demande à cor et à cri et ne révèle jamais tes « trucs ».

- Installe les chaises de tes invités avant leur arrivée : la plupart des tours nécessitent que le public soit face à toi de façon à ce qu'il ne voie pas ce qui se passe derrière ton dos.

- Emprunte le plus souvent possible des objets (pièces, stylos...) à ton auditoire pour lui montrer que le tour n'est pas truqué.

COMMENT SE FAIRE PASSER POUR UNE CÉLÉBRITÉ

Fais planer un parfum de mystère et de célébrité autour de toi en te comportant comme la star la plus en vue du moment.

• Achète-toi une énorme paire de lunettes de soleil et porte-la tout le temps, même lorsque tu es dedans ou qu'il fait nuit.

• Lance des phrases comme « Pas de photos, s'il vous plaît » ou « J'aimerais que mes fans me laissent tranquille. J'ai besoin de temps pour moi vous savez ! »

• Arbore toujours une tenue et une coiffure impeccable, même quand tu vas simplement faire les courses.

• Rassemble quelques personnes qui formeront ta « cour » et te suivront partout (mais toujours quelques mètres derrière, bien sûr).

• Donne l'air de t'ennuyer même lorsque tu t'amuses.

• Au restaurant, commande toujours quelque chose qui n'est pas dans le menu et renvoie-le automatiquement en cuisine même si c'est délicieux.

• Fais la moue dès que l'occasion se présente.

• Entraîne-toi à signer des autographes. Ta signature doit être extravagante et parfaitement illisible.

• Dresse une liste d'exigences complètement farfelues à l'attention de tes parents. Notes-y des choses du type : « Toutes les boissons qui me seront servies devront être accompagnées de six glaçons exactement, ni plus, ni moins. »

• Demande à ton père de porter un chapeau de chauffeur dès qu'il t'accompagne quelque part en voiture.

• Commence à écrire le premier tome de ta biographie, car elle devra être publiée avant ton vingtième anniversaire.

COMMENT PRÉPARER UN BAIN MOUSSANT QUATRE ÉTOILES

Voici une recette facile à réaliser en quelques minutes pour obtenir un bain moussant divin dans lequel tu pourras te glisser et profiter de quelques instants de bonheur bien mérités! Tu peux aussi le verser dans une jolie bouteille en verre et l'offrir à ta meilleure amie.

1. Dans un récipient propre, verse deux tasses de shampooing transparent ou très légèrement coloré, trois tasses d'eau et deux cuillerées à thé de sel. Mélange doucement jusqu'à ce que le liquide s'épaississe un peu.

2. Verse quelques gouttes de colorant alimentaire rouge dans le mélange et remue à nouveau. Ajoute du colorant jusqu'à obtenir une belle couleur rose bonbon.

3. Ajoute dix gouttes d'huile essentielle de ton choix pour donner à ton bain moussant un parfum merveilleux. La rose, la lavande, la marjolaine, la myrrhe, le bois de rose et la camomille possèdent des propriétés relaxantes et sentent délicieusement bon.

4. Verse le liquide obtenu dans une bouteille et ferme-la bien.

COMMENT CONTRÔLER LES ÉLÉMENTS

Personne ne va vouloir te croire si tu déclares posséder le pouvoir de contrôler les éléments. Montre à tout le monde qui est la plus forte en créant un arc-en-ciel et des éclairs!

L'arc-en-ciel. Par une journée ensoleillée, procure-toi un verre rempli d'eau presque jusqu'au bord et une feuille de papier blanc.

Installe le verre sur le bord d'une table, à moitié dessus, à moitié dans le vide. Les rayons du soleil doivent traverser l'eau et éclairer le sol.

Place la feuille au sol là où un arc-en-ciel s'est formé grâce à la lumière du soleil qui traverse le verre.

Les éclairs. Enfile un tricot de laine. Gonfle un ballon et pars à la recherche d'une surface métallique assez importante, comme une porte de réfrigérateur ou le côté d'une machine à laver.

Éteins la lumière pour plonger la pièce dans le noir. Frotte le ballon contre ton chandail une dizaine de fois puis approche-le de la surface métallique. Tu devrais voir une étincelle semblable à l'éclair se former entre le ballon et le métal.

Ce phénomène est produit par l'électricité statique que tu as créée à la surface du ballon et qui s'en échappe, attirée par le métal.

COMMENT TRESSER UN BRACELET BRÉSILIEN

Voici le cadeau idéal à échanger avec ses amies. Commence par t'entraîner avec seulement quatre ou cinq fils. Une fois que tu auras attrapé le coup de main, tu pourras utiliser autant de fils que tu le voudras pour créer de jolis bracelets larges et colorés.

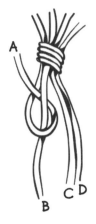

1. Choisis quatre fils de laine ou de coton à broder de couleurs différentes et de 60 cm de long. Noue-les à une extrémité et fixe ce nœud avec du ruban adhésif à une surface lisse, comme le dossier d'une chaise par exemple.

2. Attrape le fil le plus à gauche (fil A) et enroule-le autour du B pour faire un nœud (aide-toi du dessin ci-dessus). Le fil B doit être tendu pendant cette étape afin que le nœud soit bien serré. Répète ceci pour obtenir un double nœud.

3. Toujours avec le fil A, fais un double nœud autour du fil C puis du fil D. À la fin de ce premier rang, le fil A doit se trouver à droite et le fil B (celui dont tu vas te servir ensuite) à gauche.

4. Répète les étapes deux et trois avec le fil B, puis le fil C et enfin le D. Ensuite, recommence avec le A. Une fois que le bracelet est assez long pour faire le tour de ton poignet, fais un nouveau nœud bien serré à la fin. Pour l'attacher, noue les deux extrémités autour de ton poignet.

COMMENT DÉVELOPPER SA MÉMOIRE

Pour développer efficacement sa mémoire, il faut entraîner son cerveau régulièrement. Essaie de faire quotidiennement quelques jeux d'esprit : on trouve souvent dans les journaux une page de mots croisés et tu peux aussi acheter différents magazines de jeux.

L'apprentissage d'une nouvelle activité est une excellente façon d'exercer sa matière grise alors initie-toi à la pratique d'un instrument de musique ou au tricot.

Dépoussière tes capacités d'observation en demandant à quelqu'un de déposer quinze petits objets présents dans la maison sur un plateau face à toi. Regarde-les pendant trente secondes puis retourne-toi et essaie de noter tous ceux dont tu te souviens. Autre exercice : ferme les yeux, demande à la personne de retirer un objet du plateau puis essaie de retrouver lequel manque.

Pour enregistrer facilement quelque chose, il suffit de le répéter encore et encore. Plus tu t'entraîneras, plus vite tu mémoriseras. Pour cela, essaie d'apprendre un nouveau poème chaque semaine. Lis-le plusieurs fois à voix haute jusqu'à ce que tu puisses le réciter par cœur.

Les procédés mnémotechniques sont également des outils très utiles. Ils fonctionnent par association d'idées : une information correspond à un mot ou une phrase simple. Par exemple, il te suffit de retenir le mot VIBUJOR pour te souvenir des couleurs de l'arc-en-ciel dans l'ordre (Violet, Indigo, Bleu, U pour Vert, Jaune, Orange, Rouge).

De la même manière, les comptines facilitent la mémorisation. En voici une pour ne plus oublier combien de jours compte chaque mois.

Trente jours ont novembre,

Avril, juin et septembre;

De vingt-huit est février;

Trente et un ont janvier

Et mars, et août et mai,

Décembre, octobre et juillet.

COMMENT FAIRE LA PLUS GROSSE BULLE DE GOMME À MÂCHER DU MONDE

Prends un gros morceau de gomme à mâcher et commence à le mastiquer. Plus il sera gros, plus la bulle sera imposante. La gomme à mâcher doit avoir une consistance molle et élastique.

Avec la langue, aplatis la gomme à mâcher contre tes dents.

Toujours avec la langue, pousse le centre de la gomme à mâcher entre tes dents. Colle tes lèvres autour de cette petite boule et souffle à l'intérieur jusqu'à ce que la bulle devienne énorme, éclate et couvre ton visage et tes cheveux de gomme à mâcher!

COMMENT SURVIVRE DANS UN FILM D'HORREUR

• Si tu viens de tuer un monstre, ne t'approche surtout pas de lui pour vérifier qu'il est bien mort sinon il te sautera dessus.

• Lorsque tu essaies de fuir une créature des ténèbres, attends-toi à tomber au moins une ou deux fois.

• N'accepte jamais l'invitation d'un inconnu qui vit dans une maison isolée et n'a aucun contact avec le monde civilisé.

• Si ta voiture tombe en panne en pleine nuit, ne te rends surtout pas dans un vieux manoir qui semble abandonné pour téléphoner.

• Ne descends pas à la cave, surtout si la lumière vient tout juste de s'éteindre et que le téléphone a été coupé.

• Si le garçon avec qui tu as rendez-vous a des crocs, entre à la maison.

• Si le garçon avec qui tu as rendez-vous a un visage verdâtre en décomposition et se comporte comme un zombie, entre à la maison.

• Ne dis jamais, mais alors jamais «Je reviens tout de suite». Tu ne reviendras jamais!

COMMENT SIFFLER TRÈS FORT

Pour attirer l'attention de quelqu'un, ou lui casser les oreilles, il faut savoir siffler comme le loup de Tex Avery.

1. Lave-toi les mains. Forme un O avec le pouce et l'index, leur extrémité se faisant face.

2. Glisse ces doigts dans ta bouche jusqu'à la première phalange. Le bout des doigts doit être dirigé vers le milieu de la langue.

3. Serre les lèvres autour des doigts de façon à ce que l'air ne puisse s'échapper que par l'espace qui se trouve entre eux.

4. Appuie la langue contre les dents du bas.

5. Souffle avec régularité en te servant de ta langue pour diriger le flux d'air entre tes doigts. Appuie ces derniers sur ta lèvre inférieure.

6. Entraîne-toi et modifie légèrement la position de tes lèvres, de ta langue et de tes doigts jusqu'à ce que tu entendes un sifflement.

COMMENT ÊTRE BELLE AU NATUREL

Avec quelques ingrédients que tu trouveras dans le réfrigérateur et les placards de la cuisine, tu vas pouvoir obtenir une peau et des cheveux magnifiques naturellement.

• **Le gommage.** Mélange une cuillerée à soupe de yogourt nature, quelques gouttes de miel et une cuillerée à thé de sucre en poudre. Applique ce mélange sur ton visage et exfolie doucement pour te débarrasser des cellules mortes et révéler un teint éclatant. Rince abondamment.

• **Le masque.** Si tu as la peau sèche, écrase le quart d'un avocat et ajoutes-y deux cuillerées à soupe de miel et un jaune d'œuf. Étale le mélange sur ton visage en évitant le contour des yeux et laisse poser pendant quinze minutes avant de rincer à l'eau tiède.

• **Les soins du contour des yeux.** Pour te débarrasser des cernes, coupe une figue fraîche en deux et laisse poser chaque moitié sur tes yeux pendant quinze minutes. Allonge-toi sur ton lit et profites-en pour te détendre.

Pour les yeux fatigués, deux rondelles de concombre aux propriétés rafraîchissantes feront des merveilles. Pour apaiser tes yeux, imbibe des disques de coton d'eau de rose, de lait ou d'extrait d'aloé vera et place-les sur tes yeux.

• **L'après-shampooing.** Pour des cheveux doux comme de la soie, bats dans un bol un jaune d'œuf auquel tu ajouteras goutte à goutte une cuillerée à thé d'huile d'olive. Ajoute une tasse d'eau chaude. Après ton shampooing, étale ce mélange sur tes cheveux et laisse-le agir quelques minutes avant de rincer. Pour encore plus de brillance, rince-toi les cheveux une fois par mois avec une canette de bière débarrassée de ses bulles. Masse bien tes cheveux avant de rincer.

Trucs et astuces. N'utilise pas d'aliments auxquels tu es allergique.

COMMENT RÉALISER
UN MAGNIFIQUE VITRAIL

Suis les instructions suivantes et réalise un superbe vitrail à accrocher près de ta fenêtre.

1. Découpe deux morceaux de carton noir et deux feuilles de papier sulfurisé de taille identique. Choisis une forme aux contours simples comme une feuille d'arbre ou un dauphin par exemple et reproduis-la sur l'un des morceaux de carton.

2. Superpose les deux morceaux de carton puis découpe le dessin.

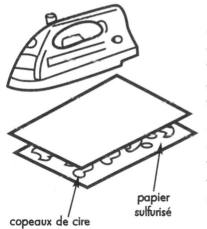

copeaux de cire

papier sulfurisé

3. Choisis quelques crayons de cire dans des couleurs qui te plaisent pour décorer ton dessin puis taille-les en copeaux à l'aide d'un couteau de précision.

4. Étale ces copeaux sur l'une des feuilles de papier sulfurisé, recouvre-la de l'autre feuille puis repasse-les avec un fer chaud.

5. Pour former ton vitrail, colle l'assemblage de cire et de papier sulfurisé entre les deux morceaux de carton évidés. Il ne te reste plus qu'à accrocher ton œuvre près d'une fenêtre pour que le soleil en révèle toutes les couleurs.

COMMENT EXÉCUTER
UN PLONGEON DE HAUT VOL

La préparation. À la piscine, grimpe sur le grand plongeoir et une fois sur la planche, tiens-toi droite avec les bras le long du corps. Va te placer tout au bout du plongeoir puis tourne-toi dos au bassin.

Tu dois rester calme et détendue et ne pas montrer au jury que tu crains de réaliser ta figure.

Recule très doucement sur la pointe des pieds jusqu'à ce que tes talons soient dans le vide et tes orteils à l'extrémité de la planche.

L'envol. Étends les bras au-dessus de la tête en gardant les pouces l'un contre l'autre. Plie les genoux, abaisse les bras sur les côtés et pousse sur la planche. Saute tout en te décalant du plongeoir. Balance les bras vers le haut jusque derrière ta tête pour t'aider à te propulser.

Le carpé. Une fois en l'air, lève les jambes de façon à ce que tes orteils soient dirigés vers le plafond. Fléchis le corps au niveau de la taille et ramène les mains vers les orteils.

La position droite. Redresse-toi aussitôt pour que ta tête soit en direction du bassin et colle les bras aux oreilles.

L'entrée. Lorsque tu pénètres dans l'eau, ton corps doit être parfaitement droit afin de faire le moins d'éclaboussures possible.

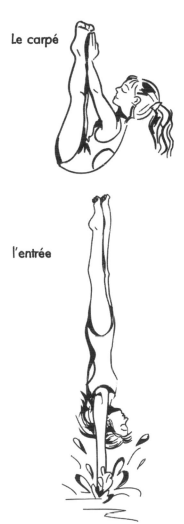

Le carpé

l'entrée

COMMENT FAIRE DES SOURIS EN SUCRE

Les souris en sucre sont de délicieuses petites confiseries extrêmement faciles à préparer. Tu n'es pas obligée de toutes les manger! Mets-en plutôt dans de jolies boîtes que tu offriras à tes amies.

1. Prends un œuf et sépare le blanc du jaune. Pour ce faire, casse délicatement l'œuf au-dessus d'un bol puis fais passer le jaune d'une demi-coquille à une autre jusqu'à ce que tout le blanc se trouve dans le bol et qu'il ne reste plus que le jaune dans la coquille (n'hésite pas à demander de l'aide pour cette opération délicate). Bats le blanc d'œuf dans un saladier jusqu'à ce qu'il soit mousseux mais pas trop ferme.

2. Au-dessus du saladier, tamise 450g de sucre glace à l'aide d'une passoire. Mélange bien le sucre et le blanc d'œuf puis ajoute quelques gouttes de jus de citron pour obtenir un mélange souple et assez épais.

3. Transvase un peu de cette préparation dans un bol et incorpores-y goutte à goutte du colorant alimentaire rouge pour la colorer en rose. Cela te servira pour les oreilles.

4. Fais de petits tas avec la préparation blanche et donne-leur la forme d'une souris.

5. Fais-leur des oreilles avec quelques gouttes de mélange rose, un nez et des yeux avec de petites perles argentées en sucre et une queue avec un morceau de ficelle.

6. Dépose tes souris sur une plaque de cuisson et laisse-les prendre dans un endroit frais pendant quelques heures.

COMMENT DIRE TOUT ET SON CONTRAIRE

«L'oxymore» est le nom qu'on donne à cette figure de style qui consiste à unir deux mots ou deux expressions contradictoires. Les oxymores ne veulent rien dire, pourtant ils sont parfaitement compréhensibles et ne manqueront pas de déconcerter tes amis. En voici quelques-uns :

- affreusement jolie • silence assourdissant • changement constant • estimation exacte • classique du moment • gaz liquide • débutant confirmé • seul ensemble

COMMENT RECONNAÎTRE UN GÉNIE

Demande à tes amis de compter le nombre d'I du texte suivant.

CET APRÈS-MIDI-LÀ, IL LUI
ARRIVA QUELQUE CHOSE
D'IMPRÉVU ET DE
COMPLÈTEMENT INSOLITE.

Cette phrase compte huit I, mais la plupart des gens n'en trouve que six. Pourquoi ? Et bien parce que leur cerveau ne prend pas en compte les I qui se trouvent en tête des mots « imprévu » et « insolite », car il ne les entend pas.

Celui qui compte huit I du premier coup est forcément un génie!

COMMENT SE PROTÉGER DES ZOMBIES

Les zombies, également connus sous le nom de morts-vivants, sont des personnes récemment décédées dont le corps a mystérieusement été ramené à la vie. Même s'ils ressemblent à des êtres humains normaux, on reconnaît facilement les zombies à leur chair verdâtre en décomposition. Ils se déplacent en trébuchant comme s'ils étaient étourdis

et ne s'expriment que par des grognements et des gémissements. Un zombie n'abandonne jamais sa victime : il la poursuit sans relâche et s'avère très difficile à arrêter. Brrr ! Ça fait froid dans le dos !

Si la télévision ou la radio annoncent une invasion imminente de zombies, tu dois agir vite car ces créatures se multiplient très rapidement. Lorsqu'un zombie mord ou écorche une personne, cette dernière est condamnée à se transformer elle aussi en mort-vivant. Malheureusement, il n'existe aucun remède : zombie un jour, zombie toujours ! Il faut donc que tu trouves un abri aussi vite que possible.

Une fois en sécurité dans ta cachette, écoute régulièrement les flashs d'information pour connaître les secteurs infestés et les zones encore sûres. Comme tu auras besoin de beaucoup de provisions, réfugie-toi dans un supermarché. Ferme bien les portes et les fenêtres puis bloque-les avec un empilement d'objets lourds pour renforcer la sécurité. Assure-toi cependant d'avoir une sortie de secours accessible si jamais les zombies parvenaient à pénétrer dans le bâtiment.

Si tu as besoin de sortir te ravitailler, porte toujours des vêtements épais qui résisteront aux morsures. Les tenues en cuir de moto font parfaitement l'affaire. Si tu n'en as pas, empile de nombreuses couches de vêtements.

Si tu te retrouves au milieu d'un groupe de morts-vivants, fais semblant d'en être un. Penche la tête sur le côté puis bave et grogne. Tends les bras à l'horizontale devant toi, garde le regard fixe et boîte. Essaie de te glisser discrètement hors du groupe et si les zombies découvrent la supercherie, prends tes jambes à ton cou. Ces créatures sont stupides et lentes alors pour les dérouter, change souvent de direction et crée des diversions en renversant des chaises et en criant.

Ne te fatigue pas à combattre ces monstres, ils sont presque impossibles à tuer (surtout parce qu'ils sont déjà morts). Il n'existe que deux solutions pour les détruire : leur couper la tête ou réduire leur cervelle en bouillie. Il arrive que le feu élimine certains individus, mais on a déjà vu des membres arrachés au corps continuer à bouger.

Si tu n'as d'autre choix que d'affronter l'un d'entre eux, vérifie toujours que ton corps ne porte aucune marque de morsures à l'issue du combat.

COMMENT FAIRE DE LA MAGIE AVEC DES CHIFFRES

Demande à tes amis d'essayer de résoudre cette petite addition. Il s'agit de calcul mental, ils n'ont donc pas le droit de s'aider d'un crayon ou d'une calculatrice. Maintenant, lis-leur le texte ci-dessous :

Prends **1 000** et ajoutes-y **40**.

Ajoute encore **1 000**.

Maintenant ajoute **30**.

Ajoute à nouveau **1 000**.

Ajoute **20**.

Ajoute **1 000** une dernière fois.

Enfin, ajoute **10**.

Quelle est la somme obtenue ?

Tes amis vont certainement te répondre **5 000**.

Et bien ton tour de magie est une réussite car leur réponse est fausse ! La somme exacte est **4 100**.

Si tes amis ne veulent pas te croire, donne-leur une calculatrice et lis à nouveau les instructions.

COMMENT FABRIQUER UNE MANGEOIRE À OISEAUX

Pendant les mois d'hiver, la nourriture se fait rare pour les petits oiseaux, alors donne-leur un coup de main en accrochant à un arbre ou à ton balcon cette mangeoire très facile à réaliser. D'ici peu, ton jardin attirera de nombreuses espèces que tu pourras admirer à loisir.

Ramasse une grosse pomme de pin sèche et bien ouverte. Rince-la sous le robinet et laisse-la sécher. Ensuite, étale du beurre de cacahuètes sur la pomme de pin avec une cuillère en prenant soin de remplir chaque interstice.

Étale des graines pour oiseaux sur une surface plate et roules-y la pomme de pin. Appuie assez fort pour que les graines se collent au beurre de cacahuètes et ne tombent pas. La pomme de pin doit être entièrement couverte de graines.

Attache un long morceau de ficelle à la tige de la pomme de pin et pends-la hors de la portée des chats un peu trop gourmands!

COMMENT LIRE LES LIGNES DE LA MAIN

L'art qui consiste à révéler le caractère et l'avenir d'une personne en déchiffrant les lignes de sa main s'appelle la chiromancie. Si tu parviens à le maîtriser, tu seras le centre d'attention de toutes les fêtes.

Ce schéma indique les lignes principales, celles qu'on retrouve le plus souvent. Ces lignes ne sont cependant pas présentes chez tous et sont parfois plus longues ou plus profondes chez certaines personnes que chez d'autres. Étudie avec attention la main droite de tes amies et utilise les conseils suivants pour prédire leur avenir.

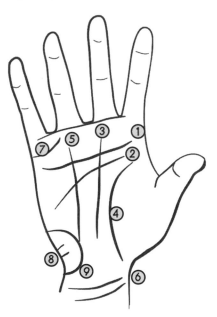

① La ligne de cœur. Plus elle est longue, plus la personne est extravertie. Une ligne plutôt courte révèle un tempérament romantique.

② **La ligne de tête.** Cette ligne renseigne sur la personnalité. Si elle est incurvée, c'est un signe de spontanéité. En revanche, une ligne droite indique que la personne a les pieds sur terre et qu'elle ne laissera pas son cœur diriger sa vie. Plus la ligne est profonde, plus l'imagination est développée.

③ **La ligne de chance.** Cette ligne n'apparaît pas chez tout le monde, mais ceux qui la possèdent ont tendance à être responsables et déterminés.

④ **La ligne de vie.** Une longue ligne révèle une grande vivacité et une surprenante joie de vivre. Une ligne courte est un signe de bonne santé. Si la ligne est pâle, la personne est indécise.

⑤ **La ligne du soleil.** Une ligne du soleil courte indique un succès à venir tandis qu'une ligne longue promet richesse et bonheur. Si elle se termine par une étoile, la personne est destinée à devenir célèbre.

⑥ **La rascette.** Si cette ligne est continue, trente années de chance sont à la clé. Les petits espaces qui apparaissent le long de cette ligne représentent des événements moins heureux.

⑦ **Les lignes d'attachements.** Une seule ligne longue et horizontale symbolise une histoire d'amour importante et heureuse. Le nombre de lignes d'attachements correspond au nombre de relations amoureuses dans la vie de la personne. Si les lignes remontent, ces histoires seront heureuses. En revanche, une ligne qui descend indique une rupture douloureuse.

⑧ **Les lignes de voyages.** Plus il y en a, plus la personne est passionnée de voyages.

⑨ **La ligne d'intuition.** Ceux qui la possèdent font en général preuve de clairvoyance.

COMMENT CONFECTIONNER UN POMPON

Fabrique des pompons et décore tout ce dont tu as envie. Il n'y a rien de plus facile! Personnalise tes vêtements en les cousant sur des écharpes ou des bonnets ou accroche-les au sapin de Noël. Il existe de nombreuses variétés de laines dans des textures et des couleurs très différentes alors fais fonctionner ton imagination…

Il te faut de la laine, une paire de ciseaux et un morceau de carton rigide pour fabriquer le gabarit du pompon.

1. Dessine deux cercles identiques sur le carton (aide-toi d'un objet cylindrique comme une boîte de conserve). Plus les cercles seront grands, plus le pompon sera gros. Dessine un autre cercle plus petit à l'intérieur des plus grands. Découpe les grands cercles puis évide-les au centre en suivant le contour des petits. Tu obtiens deux anneaux de carton.

2. Coupe un mètre de laine de ton choix.

3. Superpose les anneaux et glisse une des extrémités du fil de laine entre les deux épaisseurs. Entoure maintenant les cercles de laine en faisant passer le fil par le trou.

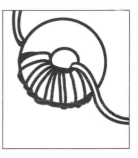

4. Lorsque tu as utilisé toute la laine, coupes-en un autre morceau. Ce n'est pas la peine de le nouer au précédent, assure-toi simplement qu'il ne dépasse pas l'extérieur des cercles.

5. Continue à enrouler la laine jusqu'à ce que le trou devienne trop petit.

6. Glisse des ciseaux entre les cercles au travers de la laine et coupe-la tout autour.

7. Coupe un autre morceau de fil et passe-le entre les cercles. Noue-le fermement autour de la laine qui se trouve au milieu des deux cercles. Débarrasse ton pompon du carton et ébouriffe-le pour qu'il gonfle.

COMMENT GAGNER LES BATAILLES DE REGARDS

Face à face avec une amie, regardez-vous droit dans les yeux. La première à cligner ou à détourner le regard perdra la bataille. Méfie-toi, ce n'est pas un exercice facile. Quand on ne cligne pas des yeux, ces derniers sèchent et se mettent à piquer. Applique ces quelques conseils et tu seras imbattable.

• Avant la bataille, ferme fort les yeux aussi longtemps que tu peux pour produire des larmes qui les hydrateront.

• Lorsque tes yeux te piquent, louche et fronce les sourcils pour faire couler des larmes et gagner la bataille.

COMMENT CHANGER L'EAU EN LIMONADE

Rassemble tes amis et déclare-leur que tu es capable d'accomplir un miracle : changer l'eau en limonade.

Pour être sûre de réussir, prépare un pichet « truqué » et entraîne-toi quelques fois au préalable.

1. Procure-toi un grand pichet en grès ou en porcelaine. Il ne doit surtout pas être transparent pour ne pas révéler le « truc ».

2. Colle un morceau de gomme adhésive sous un gobelet en plastique que tu fixes au fond du pichet en appuyant bien fort pour qu'il reste en place.

3. Coince de petites éponges ou des feuilles papier absorbant autour du gobelet de façon à ce qu'elles ne tombent pas quand le pichet est incliné.

4. Verse de la limonade dans le gobelet à l'intérieur du pichet.

5. Tu es maintenant prête à accomplir ton miracle. Rassemble tes spectateurs et fais-les asseoir de façon à ce qu'ils ne voient pas l'intérieur du pichet.

6. Remplis un verre d'eau. Verses-en dans le pichet en faisant attention de ne pas en faire couler dans le gobelet; toute l'eau doit être absorbée par les éponges.

7. Marmonne quelques formules magiques pour impressionner le public tout en agitant les mains au-dessus du pichet.

8. Incline le pichet et verse le contenu du gobelet dans un verre vide. Offre ce verre de limonade à une des personnes du public. Salue dignement et attends qu'on t'ovationne.

COMMENT SE FAIRE PASSER POUR UNE EXPERTE DES ANIMAUX

Tu trouveras ci-dessous quelques informations qui négligemment glissées dans une conversation convaincront tes amis que tu en sais long sur le monde animal.

Introduis ces propos par des phrases telles que « Mes sources indiquent... » ou « Mes recherches ont montré que... » ou encore « Je suis certaine que mes collègues approuveraient ceci... » :

... les chats possèdent trente-deux muscles
dans chaque oreille.

... les crocodiles ne savent pas tirer la langue.

... le cri du canard ne produit pas d'écho.

... tous les ours polaires sont gauchers.

... une vache peut monter un escalier mais
pas le redescendre.

... un escargot peut hiberner pendant trois ans.

... le plus long vol de poulet a duré treize secondes.

... les fourmis ne dorment pas.

… le cœur du hérisson bat 300 fois par minute.

… un âne arrive à voir ses quatre pattes en même temps.

… une taupe peut creuser un tunnel de 90 mètres
de long en une seule nuit.

… l'œil d'une autruche est plus gros que son cerveau.

… les papillons goûtent leur nourriture avec leurs pattes.

… lorsqu'on coupe la tête d'un cafard, l'animal continue
à vivre jusqu'à ce qu'il meure de faim.

… les dauphins dorment avec un œil ouvert.

… les limaces ont quatre nez.

… les girafes peuvent se nettoyer les oreilles avec la langue.

… les requins n'ont pas d'os.

… les kangourous savent marcher à reculons.

COMMENT EN ÉTONNER PLUS D'UN AVEC UN TOUR DE CARTES

Mélange un paquet de cartes. Regarde discrètement la dernière carte du paquet et mémorise-la. Demande à un ami de choisir une carte et de la retenir sans te la montrer. Coupe le paquet, demande à ton ami de déposer sa carte sur la pile du dessus puis poses-y la pile du dessous. Tapote le paquet d'un geste magique. Retourne à présent les cartes une par une. Lorsque tu retourneras la carte qui se trouvait au bas du paquet, tu sauras que celle de ton ami sera la prochaine.

COMMENT DESSINER SON ARBRE GÉNÉALOGIQUE

Découvrir l'histoire de sa famille est une aventure passionnante. Questionne tes proches pour en savoir un peu plus sur tes ancêtres et connaître leur nom.

On commence toujours un arbre généalogique par le bas. Note donc ton nom au bas d'une grande feuille de papier.

Note les noms de tous tes frères et sœurs par ordre de naissance sur la même ligne que le tien. Les plus âgés doivent se trouver sur la gauche et les plus jeunes sur la droite.

À l'aide d'une règle, trace un petit trait vertical au-dessus de chaque nom. Trace une nouvelle ligne horizontale pour joindre les traits précédents.

À présent, trace une droite verticale au centre de la ligne horizontale qui te lie à tes frères et sœurs.

Au sommet de cette ligne, dessine un petit trait horizontal de façon à former un T puis note au-dessus le nom de ton père à gauche et celui de ta mère à droite.

Ensuite, note les noms des frères et sœurs de ta mère à la droite de son nom puis ceux des frères et sœurs de ton père à gauche du sien. Souviens-toi de toujours mettre les plus âgés à gauche et les plus jeunes à droite.

En suivant la même méthode que pour toi et tes frères et sœurs, relie les noms de tes oncles et tantes du côté paternel puis maternel. Tire maintenant une ligne verticale pour

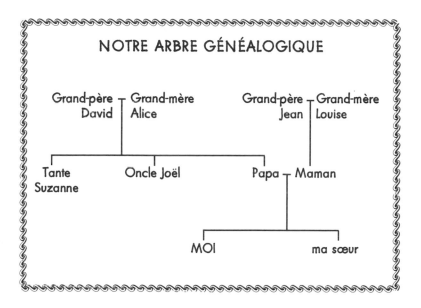

chacune des deux fratries et note au-dessus le nom de leurs parents (tes grands-parents).

Inscris le nom des frères et sœurs de tes grands-parents à côté du leur puis relie-les à celui de leurs parents (tes arrières grands-parents).

Continue ainsi jusqu'à ce que ton arbre généalogique s'arrête par manque d'information.

Trucs et astuces. Tu peux également ajouter les dates de naissance de certains membres de la famille si tu les connais, ainsi que les dates de décès de ceux qui vous ont quittés.

COMMENT ENNUYER LES OCCUPANTS D'UN ASCENSEUR

• Souris à ton voisin et annonce-lui : « Je porte des chaussettes toutes neuves ! »

• Jette-toi contre les parois de l'ascenseur comme si tu étais dans un bateau qui tangue.

• Propose à tout le monde de chanter en chœur.

• Écris-toi « Ding ! » à chaque étage.

• Dès que quelqu'un entre dans l'ascenseur, salue-le d'un grand geste de la main et accueille-le d'un « Bienvenue à bord ! »

- Ouvre ton sac, regarde à l'intérieur et demande « Ça va, tu as assez d'air là-dedans ? »

- Miaule de temps à autre.

- Mets-toi dans un coin face au mur, sans bouger ni parler et ne descends pas quand l'ascenseur s'arrête.

- Imite le bruit d'une formule 1 quand quelqu'un entre dans l'ascenseur.

COMMENT FABRIQUER UNE BOUGIE

1. Découpe le goulot d'une bouteille en plastique (les bouteilles droites sont les plus faciles à découper).

2. Casse en petits morceaux une grosse poignée de crayons de cire. Choisis des crayons de couleur identique, c'est plus joli. Demande à tes parents de te donner une vieille casserole puis fais-y fondre les crayons sur feu moyen.

3. Remplis la bouteille en plastique jusqu'au bord de glace concassée (réduis la glace en petits morceaux, car s'il reste de gros morceaux, il y aura des trous dans ta bougie).

4. Enfonce une longue bougie très fine dans la glace. Elle doit se trouver exactement au milieu de la bouteille et parfaitement au fond tout en dépassant légèrement à la surface.

5. Verse les crayons fondus dans la bouteille jusqu'en haut. La glace va fondre et l'eau va être expulsée. Grâce à cette eau glacée, la bougie va très vite se solidifier.

6. Une fois que la bougie a pris, retire la bouteille en la découpant.

COMMENT AVOIR DE JOLIS ONGLES

Une jeune fille qui se respecte se doit de connaître l'art de la manucure sur le bout des doigts si elle veut toujours avoir l'air impeccable.

1. Étale un peu de crème pour cuticules (du baume à lèvres fait aussi très bien l'affaire) sur les cuticules en question : il s'agit des petites bandes de peau qui se trouvent à la base des ongles. Masse pour faire pénétrer la crème. Plonge à présent tes doigts dans un bol rempli d'eau savonneuse tiède pendant dix minutes pour ramollir la peau et les ongles.

2. Rince-toi les mains et vérifie que tes ongles sont bien propres. Si nécessaire, nettoie-les avec une brosse à ongles ou une vieille brosse à dents. Enlève la saleté qui pourrait encore s'y trouver à l'aide d'un repousse cuticules en bois. Sèche-toi bien les mains.

3. Très délicatement, repousse les cuticules avec le côté plat du repousse cuticules, un bâton de sucette propre ou les ongles de ton autre main. Cette opération va débarrasser tes ongles des peaux mortes et rendre tes cuticules plus nettes et arrondies.

4. Après t'être à nouveau lavé et séché les mains, coupe-toi les ongles à la longueur que tu préfères. Utilise un coupe-ongles plutôt que des ciseaux à bouts ronds, car il vaut mieux couper les ongles droits.

5. Ensuite, lime tes ongles pour leur donner une jolie forme. Lisse les côtés pour enlever les angles laissés par le coupe-ongles. Surtout, ne lime que dans un seul sens, jamais en faisant des allers-retours. Cela affaiblit les ongles qui ont

ensuite tendance à se dédoubler. Lave-toi et sèche-toi les mains une dernière fois.

6. Maintenant, c'est le moment d'appliquer le vernis! Un vernis à ongles transparent discret et distingué tiendra bien plus longtemps qu'une couleur vive. Pour éviter les paquets, mets ton flacon de vernis cinq minutes au réfrigérateur avant de t'en servir. Il sera plus facile à appliquer.

Si tu ne veux pas t'en mettre partout, ne passe que trois coups de pinceau par ongle et essuie-le bien après l'avoir trempé. Le premier coup de pinceau se fait au centre de l'ongle. Ce n'est qu'ensuite qu'on vernit le côté droit puis gauche.

Laisse sécher tes ongles pendant au moins 15 minutes. Plus longtemps tu résisteras à la tentation d'enfiler tes chaussettes et tes chaussures, plus ton vernis aura de chances de rester joli.

COMMENT DEVENIR
CHASSEUSE D'AUTOGRAPHES

Achète ou fabrique un album pour ranger ta collection d'autographes puis décore-le selon tes goûts.

Lis régulièrement les journaux locaux pour connaître les manifestations dans ta région qui rassembleront des célébrités, comme les dédicaces de livres ou les ouvertures de magasins, et demande à quelqu'un de t'y emmener. Sois patiente, car tu devras certainement faire la queue pour obtenir un autographe.

Lorsque tu reconnais une célébrité dans la rue et que tu as envie de lui demander un autographe, fais-le toujours poliment. Si elle est occupée, laisse-la tranquille : personne n'aime être interrompu au beau milieu d'un repas ou d'une conversation téléphonique.

Recherche des adresses de fan-club ou d'agents de célébrités et écris-leur pour demander un autographe. Si tu prends le temps de bien rédiger ta lettre, tu recevras certainement une réponse. Dis-leur pourquoi tu admires telle ou telle personne et parle un peu de toi. N'oublie pas d'ajouter une enveloppe timbrée à tes nom et adresse et un morceau de papier blanc pour que la personne puisse signer.

COMMENT TROUVER SON POINT AVEUGLE

Tiens ce livre face à toi dans ta main droite et cache ton œil gauche avec l'autre main. Fixe le rond noir ci-dessous.

Rapproche petit à petit le livre de ton visage en continuant à fixer le rond.

À un moment donné, l'étoile va disparaître. Et voilà, tu viens de découvrir ton point aveugle !

Ce phénomène est dû à un manque de récepteurs photosensibles (sensibles à la lumière) sur une petite partie de la rétine.

COMMENT FAIRE DU PATIN À GLACE

Avant de poser le pied sur la patinoire, assure-toi d'avoir tout l'équipement nécessaire. On peut se blesser gravement en tombant sur la glace, car c'est une surface très dure et les chutes ne sont pas rares chez les débutants. Il faut prendre toutes les précautions possibles : porte toujours des protections aux coudes et aux genoux ainsi que des gants épais.

Tes patins doivent être à la bonne taille pour ne pas t'irriter le talon ou t'écraser les orteils.

La première fois que tu entres sur la glace, prends le temps de trouver ton équilibre. Si possible, fais-toi accompagner d'une amie qui sait déjà patiner. Demande-lui de t'aider à rester stable et de te tirer par les mains autour de la patinoire jusqu'à ce que tu t'habitues à cette nouvelle sensation.

Garde toujours les genoux légèrement fléchis pour ne pas être déséquilibrée : tu ne dois pas pouvoir voir tes pieds. Tes épaules doivent être en avant, dans l'alignement de tes genoux.

Essaie de détendre tes muscles et de garder les genoux souples. Tu auras ainsi moins de chances de tomber et de te faire mal. Si tu sens que tu vas tomber en arrière, surtout résiste à l'envie de te rattraper avec les mains. Un derrière endolori vaut mieux qu'un poignet cassé !

Pour avancer, transfère le poids de ton corps à ton pied gauche et glisse le pied droit vers l'avant en diagonale. Recommence de la même manière en mettant le poids du corps à droite et en avançant le pied gauche. Accompagne les mouvements de tes jambes par un balancement du corps. Dès que tu te sens plus à l'aise, essaie d'allonger les mouvements. Avec un peu d'entraînement, le patinage n'aura bientôt plus de secrets pour toi!

Pour t'arrêter facilement, glisse un pied vers l'arrière et plante l'avant du patin dans la glace. Utilise ce pied comme un frein jusqu'à ce que tu t'immobilises.

COMMENT RÉUSSIR SES FLEURS SÉCHÉES

Grâce aux instructions suivantes, tu vas apprendre à faire sécher tes fleurs et tes feuillages préférés pour profiter des couleurs de l'été tout au long de l'année, sans avoir à investir dans une véritable presse à fleurs.

Lorsque tu choisis des fleurs, réfléchis bien à la forme qu'elles auront une fois aplaties. Certaines fleurs à la forme particulière, comme les jonquilles, ne donneront pas un très joli résultat. Tiens-t-en à des formes simples sans trop de pétales (tu peux également en ôter délicatement quelques-uns pour affiner la corolle d'une fleur).

Voici comment réussir ses fleurs séchées à coup sûr :

Ne ramasse pas les fleurs qui sont couvertes de pluie ou de rosée. Attends qu'elles aient séché sinon elles risquent de pourrir.

Prends un gros livre bien lourd comme un annuaire téléphonique ou une encyclopédie. Découpe des rectangles un peu plus petits que les pages du livre dans du carton fin. Découpe ensuite des carrés de 10 cm de côté dans du papier journal et du papier de soie.

Dépose un carré de papier journal au centre du carton puis recouvre-le d'un carré de papier de soie. Installe délicatement tes fleurs et tes feuilles sur le papier de soie sans qu'elles se touchent.

Recouvre à présent les fleurs d'un nouveau carré de papier de soie, puis de papier journal et enfin d'un rectangle de carton. Continue à faire ces « sandwiches » jusqu'à ce que tu n'aies plus de fleurs puis glisse-les entre les pages du livre que tu as choisi.

Installe l'encyclopédie remplie de fleurs sous une grande pile de livres et n'y touche plus pendant quelques semaines. Après cette période, tu pourras retirer tes fleurs en faisant très attention.

Tu peux utiliser ces fleurs et ces feuilles séchées pour faire des dessins et des cartes ou décorer la couverture d'un cahier. Dispose-les joliment sur la surface de ton choix puis recouvre-les de film plastique adhésif transparent.

Trucs et astuces. Ne ramasse pas de fleurs dans la nature ou dans les parcs, et demande toujours la permission avant de couper des fleurs dans un jardin.

COMMENT PRÉPARER UN
LAIT FRAPPÉ EN 5 MINUTES

Voici une recette rapide et inratable pour préparer un délicieux lait frappé qui fera saliver tous tes amis.

1. Dans un sac en plastique à fermeture hermétique, verse un verre de lait, ajoute une cuillerée à soupe de sucre et quelques gouttes d'extrait de vanille. Ferme bien le sac et secoue-le pour mélanger les ingrédients.

2. Remplis un autre sac en plastique un peu plus grand de glaçons et place le sac contenant la préparation pour le lait frappé à l'intérieur. Noue le grand sac pour le fermer.

3. Secoue le sac pendant cinq minutes. Il vaut mieux réaliser cette étape à l'extérieur car l'eau risque de fuir.

Récupère le petit sac, ouvre-le délicatement et déguste aussitôt ton lait frappé!

4. Trucs et astuces. Utilise la même technique pour préparer des sorbets en remplaçant le lait et la vanille par de l'eau et du jus de fruits.

COMMENT ORGANISER UN
CAMPEMENT EN PLEINE NATURE

Imagine que ton avion s'écrase au beau milieu de nulle part : il va falloir que tu te débrouilles pour rester en vie en attendant les secours.

Un être humain peut survivre quelques jours sans manger, mais pas sans boire. Trouver de l'eau est donc une priorité.

Installe ton campement à proximité d'un point d'eau, mais pas trop près pour ne pas tomber nez à nez avec des animaux sauvages venus s'y désaltérer.

Maintenant, tu dois construire une sorte d'auvent pour te protéger de la pluie et du soleil. Pour construire ton abri, il te faut une structure solide contre laquelle l'appuyer comme un arbre déraciné, une grotte ou un gros rocher.

Ramasse de grosses branches et appuie-les contre le tronc de l'arbre ou la roche. Vérifie que l'espace protégé par les branches est suffisamment long pour que tu puisses t'y allonger.

Rassemble à présent de petits branchages pour combler les espaces entre les plus grands puis entasse par-dessus des feuilles, de l'herbe, de la mousse, des fougères; en bref, tout ce qui te tombe sous la main. Ceci empêchera la pluie et le vent de pénétrer dans ton abri et la chaleur de ton corps d'en sortir.

Ramasse un gros fagot de bois sec pour faire du feu. Tu peux également utiliser de l'écorce et même des excréments secs d'animaux. Allume ton feu à au moins dix pas de ton abri pour éviter qu'il ne s'enflamme et ne pas être dérangée par la fumée

Pour ne pas prendre froid dans la nuit, fais chauffer des pierres dans le feu puis enterre-les sous l'endroit où tu dors.

Tu ne dois surtout pas laisser mourir ton feu. Garde toujours à côté une pile de feuilles humides que tu jetteras sur le foyer si tu vois passer un avion. Cela produira de la fumée qui permettra aux secours de te retrouver.

En ce qui concerne la nourriture, sois très prudente. Ne te laisse pas tenter par les champignons : même les connaisseurs ont parfois du mal à différencier les espèces comestibles des espèces vénéneuses. Méfie-toi aussi des baies. En règle générale, les baies blanches ou jaunes sont toxiques tandis que les baies noires ou bleues sont comestibles, mais il existe des exceptions. Faute de mieux, tu vas devoir te rabattre sur les insectes. Tu trouves peut-être cela dégoûtant et pourtant, ces petites bêtes sont très nourrissantes et ne risquent pas de t'empoisonner.

Une dernière chose : reste toujours au même endroit si tu sais qu'on va venir te secourir.

COMMENT PANSER UN CHEVAL

Passe un harnais autour du cou du cheval et attache-le avec une longe pour qu'il ne puisse pas s'enfuir pendant que tu t'occupes de lui.

Commence par le brosser avec une étrille pour le débarrasser des traces de saleté séchée. Effectue des gestes circulaires fermes sur le corps et plus légers sur les régions osseuses ou sensibles comme le ventre et les jambes. Évite la tête.

Continue le brossage avec un bouchon, une brosse à poils épais et durs, pour enlever les saletés et les poils morts délogés par l'étrille. Donne de longs coups de brosse dans le sens du poil en commençant par le cou. Évite à nouveau la tête.

À l'aide d'un chiffon doux ou d'une éponge humide, nettoie délicatement les yeux et les naseaux de l'animal.

Utilise à présent un peigne à crinière et à queue pour démêler le crin. Commence par le bas et peigne toujours en direction du sol. Lorsque tu t'occupes la queue, ne reste jamais derrière le cheval, mais mets-toi légèrement sur le côté pour éviter les coups de pieds.

Sers-toi maintenant d'une brosse douce pour lustrer la robe dans le sens du poil.

Enfin, retire la boue et les cailloux coincés dans les sabots de l'animal à l'aide d'un cure-pieds. Procède toujours du talon vers le bout du pied en évitant la fourchette, la partie sensible en forme de V.

COMMENT DEVENIR
LA CASSE-PIEDS DE SERVICE

Tu voudrais devenir la reine de la blague? Celle qui trouve toujours le moyen de faire marcher sa famille et ses amis? Alors, essaie vite ce qui suit!

• Un jour de pluie, verse des confettis dans le parapluie fermé de ta mère et attends qu'elle sorte pour la regarder l'ouvrir.

• Perce un trou avec une punaise en haut de la paille que ton frère va utiliser pour boire.

• Mâche quelques gommes à mâcher blanches puis fais semblant de te cogner contre un mur. Gémis comme si tu t'étais fait mal puis crache les gommes. Ton père va penser que tu es en train de cracher tes dents cassées.

• Procure-toi un vieux chiffon. Dépose une pièce de monnaie sur le sol et trouve-toi une cachette à proximité. Lorsque ta sœur se baissera pour ramasser la pièce, déchire le chiffon. Elle pensera que la couture de sa jupe vient de craquer.

• Si un de tes amis est en train de boire une canette de soda, verse du sucre à l'intérieur pendant qu'il ne regarde pas. La boisson va se mettre à mousser à cause du sucre et déborder de la canette.

• Demande à une amie de te rendre un service : évidemment, ce doit être une chose inutile ou impossible à réaliser comme acheter des serviettes de bain imperméables, de la peinture rayée, une bouteille d'huile de coude ou encore un bocal d'air.

COMMENT ÉCRIRE À L'ENCRE SYMPATHIQUE

Si tu arrives à fabriquer toi-même de l'encre sympathique, ou encre invisible, et que tu sais comment la rendre visible à nouveau, les messages que tu échangeras avec tes amies pourront rester secrets! Ceux qui ne connaissent pas le truc ne verront qu'une feuille blanche.

Dans un bol, mélange un volume d'eau et un volume de bicarbonate de soude. Tu n'as pas besoin d'en mettre beaucoup de chaque, car très peu de ce mélange suffit pour rédiger plusieurs messages.

Trempe un cure-dent ou un coton-tige dans la préparation et écris ton message sur une feuille blanche.

Pour lire le texte, approche la feuille d'une ampoule électrique allumée (pas trop près sinon le papier risque de roussir). La chaleur produite par l'ampoule va faire virer le bicarbonate de soude au marron.

Voici une autre manière de rendre le message lisible : applique du jus de raisin rouge sur la feuille à l'aide d'un pinceau. Il va se produire une réaction chimique entre le jus et le bicarbonate et l'encre va changer de couleur.

Te voilà prête à communiquer en toute discrétion.

COMMENT FABRIQUER UNE FAUSSE TACHE

Fais hurler d'horreur toute la famille grâce à une fabuleuse fausse tache! Punition 100% garantie!

Décide d'abord du type de tache que tu veux fabriquer: café, encre, ou pourquoi pas vomi de chat sur le chemisier préféré de ta maman? Commence par mélanger de la peinture: un marron chocolat pour le café, un bleu roi pour l'encre et un mélange de rose et d'orange pour le vomi. Ajoute goutte à goutte de la colle blanche à la peinture jusqu'à ce que tu obtiennes une consistance épaisse et visqueuse.

Pour donner au vomi une apparence encore plus convaincante, ajoute des flocons d'avoine à la mixture et tu obtiendras une tache plus vraie que nature.

Verse le mélange sur une feuille de papier sulfurisé et attends qu'il soit bien sec. Découpe les contours de la peinture pour qu'on ne puisse plus voir le papier.

Dépose maintenant ta tache là où bon te semble, sur la cravate préférée de ton père ou sur cette magnifique table en bois ciré. Ce sera du meilleur effet. Installe quelques accessoires à proximité, comme une tasse à café renversée. Tu n'as plus qu'à attendre que quelqu'un découvre le carnage et se mette à hurler!

COMMENT PRÉVOIR LE TEMPS

Le baromètre est l'instrument qui sert à mesurer les changements de pression atmosphérique et permet donc de connaître le temps à l'avance. En suivant les instructions suivantes, tu pourras confectionner ton propre baromètre.

1. Détends un ballon en le gonflant puis en laissant sortir tout l'air.

2. Découpe ce ballon en deux. Tu n'as besoin que de la partie supérieure, tu peux donc jeter le goulot du ballon.

3. Recouvre l'ouverture d'un pot de confiture vide avec le demi-ballon et maintiens ce dernier en place à l'aide d'un élastique.

4. Avec du ruban adhésif, fixe l'extrémité d'une paille au centre du « couvercle » du ballon. Le ruban adhésif doit être placé à environ 1 cm du bout de la paille.

5. Installe ton baromètre contre un mur sur lequel tu auras accroché une feuille de papier. Note la position de la paille en traçant un trait sur le papier.

6. Te voilà prête à réaliser tes propres prévisions météorologiques. Avant un changement de temps, la pression de l'air se modifie. Lorsque le temps vire au beau, les hautes pressions appuient sur le ballon qui s'enfonce : la paille va se soulever. Lorsque le soleil cède sa place à la pluie, les basses pressions « aspirent » le ballon qui se gonfle : la paille va s'abaisser. Grâce aux différentes marques que tu auras tracées sur le papier, tu seras en mesure de suivre les changements de pression au jour le jour.

COMMENT FABRIQUER UNE TÊTE D'ŒUF

1. Commence par vider un œuf sans casser la coquille. Mets l'œuf dans un coquetier et perce avec précaution un petit trou au sommet à l'aide d'une épingle. Retourne l'œuf, perce un trou identique de l'autre côté puis élargis-le très délicatement en faisant tourner l'épingle à l'intérieur.

2. Enfonce l'épingle dans le gros trou et secoue l'œuf pour percer la membrane et le jaune. Retire l'épingle, mets-toi au-dessus d'un bol et souffle par le petit trou pour faire sortir le contenu par le plus grand.

3. Il faut maintenant que tu nettoies l'intérieur de la coquille. Verse quelques gouttes de détergent liquide dans un récipient d'eau chaude et plonges-y l'œuf. Laisse-le se remplir d'eau puis vide-le par le gros trou.

4. Une fois la coquille nettoyée, tu peux passer à la décoration de ton nouvel ami «Tête d'œuf». Avec l'aiguille, perce deux nouveaux trous sur les côtés pour installer les bras. Introduis délicatement un cure-pipe par l'un de ces trous et ressors-le de l'autre côté.

5. Colle des brins de laine au sommet de l'œuf pour faire les cheveux et cacher le petit trou. Pour les «pieds», découpe un rouleau de papier toilette à 2 cm de l'extrémité, peins le cercle obtenu en noir et colle-le sur un morceau de carton noir circulaire un peu plus large que le rouleau. Dessine un visage à ton œuf avec des feutres ou de la peinture.

COMMENT FAIRE LE CHIEN

Pas la peine de te mettre à quatre pattes et d'aboyer, car il s'agit d'une figure de yoyo! Pour la réussir au mieux, choisis un sol en parquet ou en carrelage.

1. Tiens le yoyo dans ta main, paume tournée vers le haut. Glisse le majeur dans la boucle du fil. Ce dernier doit être enroulé dans le sens inverse des aiguilles d'une montre avec son extrémité face à toi, dans la direction indiquée par la flèche.

2. Plie le coude puis tends-le à nouveau. Lorsque ton bras est presque étendu face à toi, fouette le poignet pour propulser le yoyo en avant vers le sol. Tourne la paume de ta main face au sol et accompagne la chute du yoyo en abaissant le bras. Lorsqu'il est tout près du sol, immobilise le bras et donne un petit coup sec vers le haut sur le fil. Le yoyo va immédiatement remonter le long du fil jusqu'à ta main. Tu n'as plus qu'à l'attraper.

3. Cette fois ci, répète les étapes deux et trois, mais laisse le yoyo toucher le sol. Il va rouler sur le plancher et c'est ce qu'on appelle «faire le chien».

COMMENT ÊTRE AUSSI FORTE QU'UNE SUPERHÉROÏNE

Impressionne tes amies en leur disant que tu possèdes une force surhumaine. Et voici le moyen de le prouver.

Prends un grand parapluie et tiens-le horizontalement devant toi au niveau de tes épaules, à environ 25 cm de ta poitrine. Les coudes doivent rester fléchis tout le temps de façon à former un angle presque droit.

Demande à une amie d'attraper le parapluie à chacune de ses extrémités. Ses mains doivent absolument se trouver plus près des bords que les tiennes.

Maintenant, dis-lui de pousser le parapluie de toutes ses forces. Pendant ce temps, soulève le parapluie pour le maintenir en position. Cette technique dévie la pression vers le haut plutôt que vers ton corps. Ainsi, ton amie n'arrivera pas à te déséquilibrer.

Pour que ce tour soit encore plus impressionnant, demande à une autre personne d'ajouter son poids en s'appuyant sur les épaules de la première. Normalement, tu devrais pourvoir résister à toutes les deux!

COMMENT CONFECTIONNER UN TAMBOUR

Il n'existe pas d'instrument plus facile à fabriquer qu'un tambour (ni de plus bruyant d'ailleurs). Tu trouveras tout ce dont tu as besoin dans les placards de la maison.

1. Procure-toi une boîte en métal vide. Celles qui contiennent du café instantané font parfaitement l'affaire, car elles sont un peu plus grosses que les autres.

2. Découpe une bande de papier d'une largeur égale à la hauteur de la boîte et suffisamment longue pour en faire le tour. Décore l'une des faces avec de la peinture, de la colle pailletée et tout ce que tu veux d'autre : amuse-toi!

3. Fixe cette bande autour de la boîte avec de la colle ou du ruban adhésif.

4. Pose la boîte sur du papier sulfurisé et trace un cercle tout autour à environ 2 cm du bord. Découpe ce disque puis cinq autres de taille identique. Applique une fine couche de colle sur le premier disque puis recouvre-le d'un autre. Continue jusqu'à ce que les six soient collés ensemble et laisse-les sécher toute une nuit. Cet empilage va former la « peau » de ton tambour.

5. Place le disque de papier sur l'ouverture de la boîte et maintiens-le en place à l'aide d'un élastique.

6. Pour faire les baguettes, enfonce un bouchon sur l'extrémité pointue de deux crayons. Sers-toi des bouchons pour frapper ton tambour.

Essaie de confectionner ta propre batterie avec des boîtes de diverses formes et tailles pour produire des sons différents.

COMMENT FAIRE LÉVITER UNE PERSONNE

Voici une expérience que tu n'es pas près d'oublier. On ne sait pas vraiment comment cela fonctionne et pourtant une chose est sûre : ça marche! Réunis cinq de tes amies prêtes à participer, choisis celle qui lévitera et fais-la asseoir sur une chaise.

Demande aux quatre autres filles de coller leurs mains l'une contre l'autre avec les doigts écartés.

L'une d'entre elles doit maintenant placer ses doigts sous le genou gauche de celle qui est assise, une autre sous le genou droit, la troisième sous l'aisselle gauche et la dernière sous l'aisselle droite.

Ordonne à tes amies de soulever la personne de la chaise. Si tout se passe comme prévu, elles n'y arriveront pas.

Ensuite, demande aux quatre qui sont debout de superpo-

ser leurs mains sur la tête de la cinquième et d'appuyer légèrement. Dis-leur de continuer à appuyer tandis que tu comptes jusqu'à dix puis de se remettre rapidement en position et de retenter l'expérience dès que tu as terminé. Ça va marcher!

COMMENT JOUER AU SUDOKU

Le sudoku est un jeu de chiffres originaire du Japon dont le but est de découvrir les numéros manquants d'une grille afin de la compléter. Chaque colonne, chaque ligne et chaque carré de la grille comptent neuf cases. À la fin d'une partie, chaque colonne, chaque ligne et chaque carré ne doivent contenir les chiffres allant de 1 à 9 qu'une seule fois.

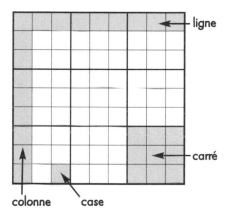

Les grilles de sudoku contiennent déjà certains chiffres. Ta mission, si tu l'acceptes, est de retrouver les chiffres manquants et de les inscrire dans les cases.

Voici un morceau de grille. Essaie de deviner quel chiffre manque dans la ligne du haut et dans le carré de droite.

8	4	6	2		1	3	5	7
						2		1
						6	4	8

Comme tu as pu le remarquer, la ligne du haut comprend déjà les chiffres 1, 2, 3, 4, 5, 6, 7 et 8 : il ne manque donc que le 9. C'est la même chose pour le carré de droite.

Compléter les lignes. Dans cet exemple, les carrés qui se trouvent à droite et au centre contiennent un 1. Tu peux donc deviner la position du 1 dans le premier carré.

Étant donné que la première et la deuxième ligne comptent déjà un 1, il est impossible que le 1 du premier carré s'y trouve. Il sera donc obligatoirement dans la dernière ligne. Dans le carré de gauche, celle-ci n'offre qu'une seule case libre : c'est ici qu'il faut inscrire le 1.

Compléter les colonnes. Comme ci-dessus, les carrés de droite et du centre contiennent un 1. Il faut donc trouver la place de celui-ci dans le carré de gauche. On ne peut ni le placer dans la première ni dans la deuxième ligne qui comptent déjà un 1. Il ne reste que la troisième ligne, mais cette fois-ci, deux cases sont libres dans le carré de gauche. Il faut deviner laquelle accueillera le 1.

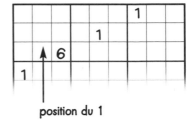

position du 1

Pour cela, il suffit de regarder la première colonne pour s'apercevoir qu'elle contient déjà un 1. Il est donc impossible de placer le 1 dans la première case de la troisième ligne : il ne reste que la deuxième case.

Compléter les carrés. Où doit-on placer le 1 dans le carré de gauche?

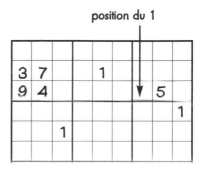

position du 1

Pour le découvrir, il faut observer à la fois les lignes et les colonnes pour éliminer les cases où le 1 ne peut pas se trouver.

Dans la case de gauche, on ne peut ni inscrire le 1 dans la deuxième ligne ni dans la troisième colonne. Il ne reste donc que deux cases disponibles dans la première ligne du carré de gauche.

Par conséquent, il est impossible que le 1 apparaisse dans la première ligne du carré de droite. Si tu élimines toutes ces cases ainsi que celles de la neuvième colonne qui contient également un 1, tu peux deviner la position du 1 dans le carré de droite : en bas à gauche.

> Pour compléter une grille de sudoku il est donc plus important de découvrir les cases où un chiffre ne peut pas apparaître plutôt que celle où il se trouve.

Tu peux maintenant utiliser tes nouvelles connaissances pour compléter les grilles des pages suivantes.

Essaie de résoudre cette grille facile.

8	9	2	5	1	3	6	7	4
1	5	3	6	4	7	9	2	8
4	7	6	9	2	8	1	3	5
5	3	4	8	6	9	7	1	2
9	6	1	4	7	2	5	8	3
7	2	8	3	5	1	4	6	9
3	8	7	1	9	5	2	4	6
2	4	9	7	8	6	3	5	1
6	1	5	2	3	4	8	9	7

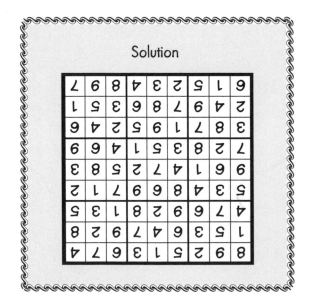

Solution

Essaie de résoudre cette grille un peu plus difficile.

6	9	2	5	1	3	4	7	8
1	5	4	8	6	7	3	9	2
3	8	7	9	4	2	6	5	1
2	4	1	7	9	6	8	3	5
8	3	9	1	2	4	7	5	9
7	6	5	3	5	8	1	2	4
5	1	3	6	8	9	2	4	7
4	7	8	2	3	5	9	1	6
9	2	6	4	7	1	5	8	3

Solution

6	9	2	5	1	3	4	7	8
1	5	4	8	6	7	3	9	2
3	8	7	9	4	2	6	5	1
2	4	1	7	9	6	8	3	5
8	3	9	1	2	4	7	5	6
7	6	5	3	5	8	1	2	4
5	1	3	6	8	9	2	4	7
4	7	8	2	3	5	9	1	6
9	2	6	4	7	1	5	8	3

COMMENT FILER QUELQU'UN
SANS SE FAIRE REMARQUER

Le secret pour suivre quelqu'un, surtout quelqu'un que tu connais bien, sans qu'il s'en rende compte, c'est de passer inaperçue au milieu de la foule. Porte des couleurs neutres comme du gris ou du brun et évite les logos et les motifs voyants. Choisis des vêtements dans un style différent du tien.

Si tu le peux, marche sur le trottoir opposé à celui de ta victime. Adopte la même vitesse qu'elle pour ne pas la perdre de vue.

Comporte-toi comme si de rien n'était. Ne fixe pas la personne que tu files et jette-lui seulement un coup d'œil de temps à autre. Si jamais ta victime te regarde, fais semblant d'être occupée à autre chose comme passer un coup de téléphone ou regarder une maison.

Si ta cible s'arrête, tu ne dois surtout pas l'imiter. Continue de marcher pendant un moment puis fais une halte pour lacer ta chaussure ou chercher quelque chose dans ton sac jusqu'à ce qu'elle reparte.

Si ta victime entre dans un bâtiment, surveille l'entrée depuis un endroit isolé en attendant son retour.

Si tu crois qu'on t'a démasquée, pas de panique. Si tu réagis aussitôt, la personne comprendra que tu es coupable. Pour t'en sortir, regarde ta montre ou fais semblant de recevoir un SMS puis exclame-toi : « Oh non, je suis super en retard! » Passe en courant à côté de ta victime. C'est beaucoup moins louche que de s'enfuir dans l'autre sens.

COMMENT FAIRE DE LA MAGIE

Ce tour demande un peu de préparation, mais il est très facile à réaliser et remporte toujours un franc succès. Voici comment il se déroule : tu présentes au public une pièce posée à côté d'un gobelet en plastique transparent, tu dissimules le gobelet sous un mouchoir puis tu le glisses sur la pièce et enfin, tu retires le mouchoir. La pièce a disparu, le tour est joué!

1. Procure-toi deux feuilles de carton blanc rigide. Pose le gobelet à l'envers sur l'une des feuilles et dessines-en le contour avec un crayon. Découpe le cercle que tu viens de tracer.

2. Étale un peu de colle sur le rebord du gobelet et recouvre-le du cercle de carton. Attends que la colle soit sèche et égalise le cercle pour qu'il ne dépasse pas.

3. Installe la feuille de carton intacte sur une table puis pose dessus le gobelet à l'envers.

4. Demande à une personne du public de te donner une pièce. Pose-la à côté du gobelet puis annonce que tu vas la faire disparaître. Cache le gobelet sous un mouchoir puis fais-le glisser sur la pièce. Prononce ta formule magique et retire le mouchoir. Le carton collé au gobelet va dissimuler la pièce et le public pensera qu'elle a disparu.

5. Recouvre à nouveau le gobelet avec le mouchoir et déplace-le pour faire réapparaître la pièce.

COMMENT RÉVISER CORRECTEMENT

Choisis un lieu adéquat, l'idéal étant une pièce calme sans rien pour te distraire. Certaines personnes trouvent qu'un peu de musique aide à se concentrer, mais ce n'est pas une raison pour laisser la télévision allumée. Éteins-la tout de suite!

Ne commence pas tes révisions au dernier moment. Prépare un emploi du temps bien avant tes examens et respecte-le à la lettre. Fais la liste des sujets que tu dois revoir et divise le temps dont tu disposes entre chaque. N'oublie pas de prévoir des pauses pour les repas et pour aller prendre l'air et te dégourdir les jambes.

Ne révise qu'un sujet à la fois. Si tu les mélanges tous, tu ne retiendras rien.

Rédige des fiches de révision à partir des notes prises en classe. Attention, il ne s'agit pas de recopier mais de résumer! Ne note que de courtes phrases et surligne l'essentiel.

Sur d'autres fiches, plus petites pour les emmener partout avec toi, note les dates, les chiffres et les termes importants. Relie-les dès que tu as un moment.

Si tu rencontres une difficulté lors de tes révisions, note-la et demande au professeur de t'expliquer ce que tu n'as pas compris.

Demande à une amie ou à tes parents de te poser des questions sur les points importants après chaque séance de révision.

Et surtout, ne t'angoisse pas trop au sujet de tes examens. Parle à quelqu'un si tu es stressée et n'oublie pas qu'échouer à un examen ou à un contrôle, ce n'est tout de même pas la fin du monde! Essaie de faire de ton mieux, c'est tout ce qui compte.

COMMENT CRÉER UNE ILLUSION D'OPTIQUE

Ce petit pliage va te permettre de créer une illusion d'optique capable de berner ton cerveau et de lui faire croire qu'il voit une image fixe au lieu de deux images consécutives. Découpe un carré de carton de 5 cm de côté et suis les instructions suivantes.

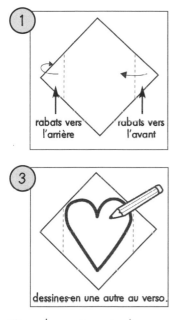

dessine une image au recto.

dessines-en une autre au verso.

SOUFFLE

Tiens la carte entre le pouce et l'index comme indiqué en 4 et souffle fort sur l'un des côtés pliés. La carte va se mettre à tourner et tu auras l'impression que les deux images n'en forment qu'une.

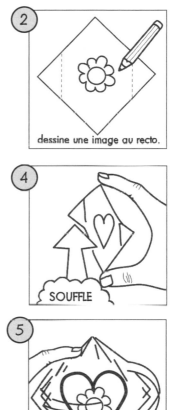

COMMENT METTRE AU POINT UNE CHORÉGRAPHIE

Mémoriser les pas de danse d'une chorégraphie demande du temps, alors prévois suffisamment de répétitions avant la grande représentation.

Choisis une de tes chansons préférées et notes-en les paroles sur une feuille. Divise ces paroles en paragraphes de quatre lignes. Réfléchis à des pas pour chaque paragraphe et note-les également. Si tu manques d'inspiration, regarde les clips à la télévision.

Commence par mettre au point les mouvements de pieds puis ajoute ceux des bras et de la tête.

Chaque pas doit s'enchaîner sans à-coup avec le suivant. Réfléchis bien à la position du corps à la fin d'un mouvement et à la façon de se remettre en place pour effectuer le suivant.

Si vous formez un groupe avec quelques-unes de tes amies, assure-toi qu'elles arrivent toutes à faire les pas. Mieux vaut une chorégraphie simple qu'un spectacle raté.

Trucs et astuces. Il faut toujours bien s'échauffer avant de commencer et bien s'étirer après.

COMMENT RÉALISER UN CHEF-D'ŒUVRE À LA CRAIE

Une fois trempées dans l'eau, les craies donnent des couleurs vives et peuvent être utilisées sur presque toutes les surfaces. Si tu as la chance d'avoir une terrasse, pourquoi ne pas demander la permission de réaliser une magnifique œuvre éphémère facile à nettoyer? Certains artistes confirmés sont capables de transformer un trottoir en trompe-l'œil incroyable : ils dessinent parfois des trous si réalistes qu'on a presque peur d'y tomber!

1. Choisis les craies de couleur dont tu veux te servir et pose-les droites dans un verre.

2. Remplis le verre d'eau jusqu'à ce qu'un tiers de la longueur des craies soit immergé. (Si tu dissous une cuillerée à thé de sucre dans l'eau avant de la verser, les couleurs seront encore plus vives.)

3. Laisse les craies tremper pendant 10 minutes environ, pas plus ou elles s'effriteront.

4. Retire les craies du verre et dispose-les sur une feuille de papier journal. C'est prêt! tu peux commencer à dessiner avec le côté humide.

5. Laisse aller ton imagination et crée ce qui te passe par la tête. Essaie de mélanger plusieurs couleurs avec les doigts pour obtenir des effets intéressants.

6. Si tu utilises du papier comme toile, pends tes œuvres à une corde à linge pour les faire sécher.

COMMENT PRÉPARER UN BRILLANT À LÈVRES MAISON

1. Mets une cuillerée à soupe de beurre de karité dans un récipient allant au four micro-ondes et fais-le chauffer à puissance moyenne pendant 30 secondes pour le ramollir.

2. Verse une cuillerée à thé d'eau chaude dans un bol puis ajoutes-y quelques gouttes d'arôme alimentaire de fraise ou de framboise et quelques gouttes de colorant alimentaire rouge.

3. Mélange l'eau colorée goutte à goutte avec le beurre de karité jusqu'à obtenir la couleur désirée.

4. Verse ton brillant à lèvre dans un petit pot bien propre et attends qu'il refroidisse.

COMMENT GAGNER LES CONCOURS DE CHÂTEAUX DE SABLE

Tout d'abord, il faut bien choisir son emplacement : du sable mouillé, mais pas trop près de la mer sinon elle détruira ton château. Prépare le terrain en aplatissant puis en lissant le sable avec le dos d'une pelle.

Maintenant, fais plusieurs pâtés de sable pour former les fondations. Lorsque tu remplis un seau de sable, tu dois toujours t'assurer que ce dernier est bien tassé. Tapote les côtés du seau et secoue-le de gauche à droite pour éliminer les bulles d'air. Une fois que le seau est plein, tasse avec la main.

Pour construire des tours sur ces fondations, façonne des galettes de sable de l'épaisseur d'un pouce puis empile-les.

Presse dans tes mains du sable mouillé pour ôter l'excès d'eau puis entasse ces petits paquets autour du château pour former un mur d'enceinte suffisamment haut. Ce mur doit être plus fin au sommet qu'à la base sinon il risque de s'effondrer.

Creuse délicatement des tunnels dans le mur d'enceinte pour créer quelques entrées puis décore-les de voûtes que tu sculpteras avec la lame d'un couteau (un couteau en plastique fera parfaitement l'affaire.)

Pour finir, creuse des douves autour du mur d'enceinte et remplis-les d'eau comme celles d'un véritable château fort!

COMMENT SE FAIRE PASSER POUR UNE STAR DU ROCK

Si tu parviens à faire sonner les cordes d'une guitare de façon à peu près harmonieuse, tu pourras convaincre tout le monde que tu es une virtuose même si tu ne sais pas jouer un seul morceau! Attrape simplement la guitare, fais sonner les cordes une ou deux fois pour impressionner ton auditoire puis repose-la en disant: «Je n'ai pas trop envie de jouer ce soir», ou «Dommage qu'elle ne soit pas accordée.» Voici la marche à suivre…

Commence par adopter la «rock star attitude». Pose la guitare sur ton genou droit avec le manche vers la gauche et tiens-la tout contre toi.

Les lignes qui se trouvent le long du manche s'appellent des «frets» et indiquent où positionner les doigts pour jouer différents accords. Pour faire un accord de la, tu dois appuyer sur trois des cordes qui se trouvent entre le premier et le deuxième fret au début du manche.

Pour le réussir, garde en mémoire que la corde la plus proche de ta tête est la dernière corde et la plus proche de tes pieds, la première.

L'accord de la

deuxième fret   premier fret

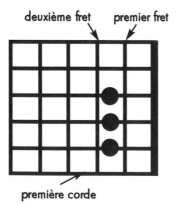

première corde

Place l'annulaire de ta main gauche sur la deuxième corde (en partant du bas) le majeur sur la troisième et l'index sur la quatrième comme indiqué sur le schéma.

Approche ta main droite de la rosace (l'ouverture circulaire)

94

sans la crisper. Caresse les cordes de haut en bas avec ton pouce. Arrête-toi puis recommence plusieurs fois en rythme. Si tu as affaire à une guitare de gaucher sur laquelle l'ordre des cordes est inversé (la plus fine se trouve au-dessus quand tu tiens le manche vers la gauche), pose-la sur ton genou gauche avec le manche vers la droite et fais sonner les cordes avec la main gauche.

COMMENT LUTTER CONTRE LE DÉCALAGE HORAIRE

Si tu prends l'avion pour te rendre sur ton lieu de vacances dans un autre fuseau horaire, prépare ton voyage trois jours à l'avance.

Premier jour. Prends un petit-déjeuner et un déjeuner riches en protéines avec des œufs, du bacon, des saucisses ou de la viande rouge et un dîner composé de sucres lents avec des pâtes, des pommes de terre ou du riz.

Deuxième jour. Ne fais que des repas très légers.

Troisième jour. Cette fois-ci, tu peux manger ce que tu veux.

Le jour du départ. Une fois installée dans l'avion, mets ta montre à l'heure du lieu d'arrivée. Respecte les horaires de repas que t'indique celle-ci et n'oublie pas de boire beaucoup d'eau pendant le vol.

Reste éveillée dans l'avion s'il fait jour dans le pays où tu te rends et s'il y fait nuit, dors. Utilise des bouchons d'oreilles, tes écouteurs et un masque de sommeil pour atténuer le bruit et la lumière.

Si tu arrives à destination dans la journée, ne va pas te coucher aussitôt. Prends une douche et sors te promener. Le soir, mange normalement et va au lit à l'heure habituelle.

COMMENT TRAVERSER LES CHUTES DU NIAGARA SUR UNE CORDE RAIDE

Le premier homme à avoir réalisé cet exploit était un funambule surnommé le Grand Blondin. Et il ne s'est pas contenté que de cela : il a traversé sur le câble à vélo, y a exécuté un saut périlleux arrière, poussé une brouette, porté son agent sur son dos et fais cuire une omelette à mi-chemin !

Voilà comment on devient une légende !

Commence par demander à un constructeur de confiance de fixer ton câble au-dessus des chutes. Il doit être vraiment, mais alors vraiment très tendu. Maintenant, rédige ton testament (juste au cas où l'aventure tournerait mal) et enlève tes chaussures et tes chaussettes. Debout devant la corde, inspire profondément puis pose le pied droit en travers du câble, les orteils tournés vers la droite. La corde va sûrement se mettre à osciller, mais essaie de ne pas t'inquiéter.

Le pied gauche toujours posé au sol, plie le genou droit et déplace le poids de ton corps sur le pied droit. Lève légèrement le pied gauche du sol en te servant des bras pour garder l'équilibre. Reste dans cette position jusqu'à ce que la corde se stabilise puis pose le pied gauche devant le droit, les orteils dirigés vers la gauche. Commence à marcher.

Reste attentive à tout ce qui pourrait te déséquilibrer, comme de gros oiseaux ou des hélicoptères remplis de touristes, et prépare mentalement ta traversée. Plus tu marcheras vite, plus il sera facile de maintenir ton équilibre, alors regarde droit devant et lance-toi !

COMMENT MANGER AVEC DES BAGUETTES

1. Glisse la baguette du bas entre le pouce et le majeur. Elle doit reposer dans l'espace entre le pouce et l'index, comme indiqué sur le schéma. Lève l'index pour ne pas gêner la manipulation.

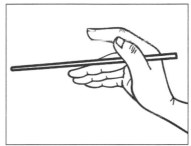

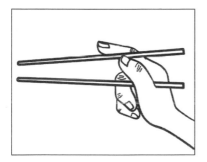

2. Pince ensuite la baguette du haut entre le pouce et l'index. Le bout du pouce doit maintenir la baguette tandis que l'index est posé dessus.

3. La baguette du bas ne doit jamais bouger. Entraîne-toi à ramener la baguette du haut vers celle du bas. Une fois que cela ne te pose plus de difficultés, essaie d'attraper des objets avant de passer à la nourriture.

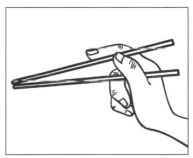

COMMENT FAIRE LE GRAND ÉCART

Si tu es habituée à faire régulièrement des exercices d'assouplissement, le grand écart ne devrait par te poser trop de problèmes. En revanche, n'oublie pas que la souplesse est une chose qui se travaille, alors prends tout le temps nécessaire pour te préparer sinon tu risques de te blesser.

Avant toute chose, échauffe-toi en sautant à la corde ou en courant sur place pendant cinq minutes.

Penche-toi en avant pour toucher tes orteils tout en gardant les jambes tendues et le dos bien plat. Reste dans cette position pendant trente secondes.

Ensuite, assieds-toi par terre, les jambes étendues devant toi avec les genoux collés. Penche-toi à nouveau en avant et essaie d'aller toucher tes orteils. Garde le dos plat et rapproche le plus possible ta poitrine de tes jambes. Tiens trente secondes et relâche.

Maintenant, agenouille-toi et pose une main au sol de chaque côté pour te soutenir. Étends une jambe derrière toi et détends les muscles. Laisse ton corps se rapprocher du sol. Tiens une minute puis change de jambe.

Après chaque séance d'étirement, mets-toi en position de grand écart pour voir jusqu'où tu peux descendre. Plus tu travailleras ta souplesse, plus tu pourras descendre. N'en fais pas trop : si tu ressens une quelconque gêne, arrête-toi immédiatement. Certaines personnes sont naturellement plus souples que d'autres alors n'essaie pas de comparer tes progrès avec ceux d'une amie.

Trucs et astuces. Lors de tes séances d'étirements, porte des vêtements larges et confortables et des chaussures sport.

COMMENT DEVENIR POLYGLOTTE

Si tu salues une personne d'un autre pays dans sa langue maternelle, il y a des chances pour que ceux qui t'entourent te prennent pour une surdouée! Souris et hoche la tête d'un air entendu tandis qu'on te parle puis fais poliment tes adieux.

Tu trouveras ci-dessous comment dire « salut » et « au revoir » dans dix langues différentes.

Français	« Salut »	« Au revoir »
Italien	« Ciao »	« Arriverderci »
Russe	« Privet »	« Poka »
Anglais	« Hello »	« Goodbye »
Allemand	« Hallo »	« Auf Wiedersehen »
Grec	« Giásou »	« Andios sas »
Japonais	« Moshi Moshi »	« Ja, mata »
Portugais	« Ola »	« Adeus »
Espagnol	« Hola »	« Adiós »
Indonésien	« Hai »	« Selamat jalon »

COMMENT SURVIVRE DANS LE DÉSERT

Si tu te trouves un jour perdue dans le désert, ton premier réflexe doit être de te protéger des rayons du soleil. Cherche de l'ombre auprès des quelques rochers ou arbustes qui t'entourent. Abrite-toi pendant la journée et déplace-toi uniquement la nuit quand il fait plus frais.

Très vite, tu vas devoir faire face au problème numéro un de la survie dans le désert : le manque d'eau. Pour y remédier, construis une « distillerie solaire ».

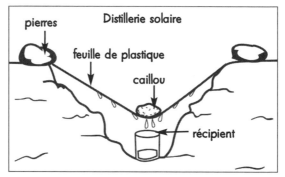

Distillerie solaire

pierres

feuille de plastique

caillou

récipient

Découpe un sac en plastique sur le côté et en bas et ouvre-le pour obtenir une large feuille de plastique. Creuse un trou peu profond puis place au centre un récipient, sous le niveau du sol. Recouvre le trou avec la feuille de plastique et pose des pierres sur chaque coin pour qu'elle ne s'envole pas. Dépose un caillou au centre de la feuille juste au-dessus du récipient. La vapeur d'eau va se condenser sous le plastique et tomber dans le réservoir.

Cette installation ne pourra malheureusement pas te fournir suffisamment d'eau ; tu dois donc économiser tes fluides corporels. C'est par la transpiration que le corps perd le plus de son eau alors ne fais que des mouvements lents et réguliers pour réduire ce phénomène au minimum. Évite également de pleurer, de parler et de respirer par la bouche : mieux vaut la garder fermée et respirer par le nez, ainsi tu diminueras la perte de vapeur d'eau.

Avec ce soleil de plomb, tu penseras certainement à te déshabiller pour te rafraîchir. Mauvaise idée! Il faut au contraire se couvrir le plus possible pour protéger sa peau du soleil et des vents chauds. Si tu as emporté un chapeau, garde-le sur la tête pour éviter les insolations et conserver l'humidité de ton corps. Si tu n'as pas cette chance, noue un morceau de tissu sur ta tête en prenant soin de couvrir ta nuque également.

Sois attentive aux premiers signes de coup de chaleur : fatigue, désorientation. Examine la couleur de ton urine. Si elle est d'un jaune tirant sur le marron foncé, tu es déshydratée. Dès que tu es atteinte d'un de ces symptômes, bois aussitôt quelques gorgées d'eau et recommence toutes les heures.

Les grandes étendues vides du désert ne permettent pas d'évaluer correctement les distances que l'on sous-estime souvent. Souviens-toi donc de cette règle : les choses que tu aperçois se trouvent trois fois plus loin que ce que tu penses.

Les tempêtes de sable sont très fréquentes dans ces régions. Si tu y es confrontée, reste calme. Cherche un endroit où t'abriter du vent, protège ton nez et ta bouche avec un morceau de tissu et allonge-toi à plat ventre dos au vent en attendant une accalmie.

COMMENT FAIRE UNE TRESSE AFRICAINE

Voilà une coiffure très jolie, mais pas très facile à réaliser sur soi-même. Entraîne-toi d'abord sur une amie aux cheveux mi-longs.

1. Démêle la chevelure à l'aide d'une brosse puis attrape une section de cheveux sur le sommet de la tête et divise-la en trois mèches égales.

2. Fais passer la mèche gauche sur la mèche centrale puis fais la même chose avec la mèche droite, comme pour une tresse normale.

3. À présent, attrape une partie des cheveux qui se trouvent sous la mèche placée maintenant à gauche. Réunis ces deux mèches et fais-les passer sur la mèche centrale, comme dans l'étape deux. Fais la même chose avec la mèche droite.

4. Continue selon le même procédé en ajoutant des cheveux à chaque mèche jusqu'à ce que toute la chevelure soit tressée. Attache l'extrémité avec un élastique.

Félicitations! Tu viens de réaliser ta première tresse africaine.

COMMENT FABRIQUER UNE BOUSSOLE

Grâce aux astuces suivantes, tu vas pouvoir fabriquer une boussole en quelques minutes.

Remplis un bol d'eau puis ramasse une feuille plate que tu déposes à la surface.

Procure-toi une aiguille à coudre, tiens-la par le chas et frotte la pointe de haut en bas contre un aimant. Une fois en bas de l'aimant, soulève l'aiguille et ramène-la à son point de départ avant de recommencer : ainsi, tu seras sûre de toujours frotter l'aiguille dans le même sens. Répète ce geste une cinquantaine de fois pour la magnétiser. Si tu ne trouves pas d'aimant, tu peux utiliser un tissu de soie mais le magnétisme sera beaucoup plus faible.

Dépose délicatement l'aiguille sur la feuille. Cette dernière va doucement se mettre à tourner puis se stabiliser une fois que l'aiguille se sera alignée avec le nord magnétique de la Terre, indiqué par la pointe.

COMMENT TROUVER L'ÉTOILE POLAIRE

Cela fait des millénaires que les explorateurs et les navigateurs utilisent l'Étoile polaire, parfois appelée Polaris, pour se diriger et calculer leur latitude (position au nord ou au sud de l'équateur).

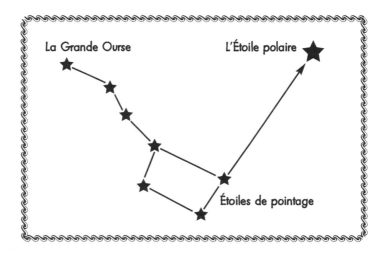

Il faut tout d'abord que tu trouves la Grande Ourse. Cette constellation ressemble à une casserole (selon l'endroit où tu te trouves et la période de l'année, elle peut apparaître à l'envers ou penchée). Une fois que tu l'as localisée, repère les deux étoiles qui forment le côté de la casserole opposé au manche. Ces étoiles sont parfois désignées par le terme « étoiles de pointage » car elles indiquent la direction de l'Étoile polaire. Lorsque tu les as trouvées, trace une ligne imaginaire passant par ces deux étoiles et prolonge-la vers le nord jusqu'à rencontrer une grosse étoile brillante, Polaris.

COMMENT PROTÉGER
SON JOURNAL DES CURIEUX

Surtout, ne dis jamais que tu tiens un journal intime. Si personne ne le sait, personne ne viendra y mettre son nez. Pour plus de vraisemblance, fais souvent des commentaires du type : « Les journaux intimes, c'est trop nul ! »

Camoufle ton journal avec la couverture d'un vieux livre de contes et range-le comme si de rien n'était avec tes autres livres.

Écris « JOURNAL INTIME » sur la couverture d'un cahier dans lequel tu auras noté quelques histoires sans intérêt et laisse-le traîner.

Dans ton vrai journal, invente des noms de code pour les lieux et les personnes. De cette manière, si quelqu'un le trouve, il ne comprendra rien à ce que tu as écrit. Si tu as peur d'oublier la signification de tes mots de code, note-les sur une feuille que tu rangeras dans un endroit différent de ton journal.

Mélange des choses qui te sont réellement arrivées et des inventions pures comme : « Hier, j'ai croisé une femme à trois jambes dans un magasin de chaussures ». Personne ne pourra démêler le vrai du faux.

COMMENT ENVOYER
UN MESSAGE EN MORSE

Dans l'alphabet morse, chaque lettre est représentée par une combinaison de points et de traits. Le point se traduit par un signal court et le trait par un signal long.

Il existe différents types de signaux, parmi lesquels on trouve les signaux lumineux, très faciles à réaliser avec une lampe de poche. Pour épeler ton message, sers-toi du code ci-dessous.

ALPHABET MORSE

A .—	H	O ———	V ...—
B —...	I ..	P .——.	W .——
C —.—.	J .———	Q ——.—	X —..—
D —..	K —.—	R .—.	Y —.——
E .	L .—..	S ...	Z ——..
F ..—.	M ——	T —	
G —. —. N —.	U ..—	

Donne à une amie une copie de cet alphabet et va t'asseoir avec elle dans une pièce sombre. Transmets-lui ton message en allumant et en éteignant rapidement la lampe de poche pour représenter un point et plus lentement pour un trait. Fais de courtes pauses lampe éteinte entre chaque lettre et de plus longues entre chaque mot.

COMMENT DOMPTER UN CHEVAL SAUVAGE

Pour apprivoiser un animal sauvage, il faut d'abord apprendre à le connaître. Une fois que tu sauras comment les chevaux communiquent, tu pourras imiter leurs attitudes et approcher les plus farouches d'entre eux.

Les chevaux possèdent au-dessus des genoux sur les membres postérieurs des excroissances de corne : les « châtaignes ». Tu vas t'en servir pour masquer ton odeur d'être humain. Trouve les châtaignes sur un cheval domestique, décolle délicatement la partie supérieure de peau sèche et frotte-la entre tes mains. Ainsi, l'animal acceptera plus facilement ta présence.

Approche-toi du cheval par le côté. La position de ses yeux ne lui permettant pas de voir ni devant ni derrière, s'il t'entend avancer sans savoir où tu te trouves, il va prendre peur. Tes mouvements doivent toujours être doux et fluides.

Sois toujours très calme et prudente. Tout mouvement brusque ou son fort peut effrayer le cheval. Si tu as de la chance, il s'enfuira, si tu n'en as pas, il te piétinera.

Avance-toi vers l'animal petit à petit en lui parlant gentiment à voix basse. Ne le regarde pas dans les yeux, car il interprétera cela comme une menace.

107

Lorsque tu es près de lui, arrête-toi et mets-toi de profil. Chez le cheval, ce comportement veut dire «Viens ici». Continue à avancer dans cette position jusqu'à ce que tu sois assez près pour le toucher.

Tends maintenant ta main vers lui. Il est important que tes doigts soient collés et non écartés. Caresse doucement son encolure.

Continue jusqu'à ce que l'animal soit calme, puis glisse délicatement mais rapidement un harnais autour de son cou.

COMMENT SURVIVRE À UNE INVASION EXTRA-TERRESTRE

Les extra-terrestres sont connus pour envahir les grandes villes en premier, car c'est là qu'ils peuvent faire le plus de dégâts et anéantir le plus d'humains. Par conséquent, si tu entends parler d'une invasion pars te réfugier à la campagne.

Ces créatures de l'espace se déplacent en général dans d'énormes vaisseaux pas vraiment discrets. Tu peux en tirer profit : si en plein jour le soleil se voile alors qu'aucune éclipse n'a été prévue, préviens les autorités et passe aussitôt à l'action.

Rassemble suffisamment de nourriture pour que ta famille puisse survivre pendant plusieurs semaines et barricade-toi dans ta maison. Les extra-terrestres ont beau posséder une intelligence au-dessus de la moyenne, ils butent souvent sur des choses toutes simples comme les poignées de porte ou les escaliers. Il vaut donc mieux se cacher dans une grande chambre à l'étage. Installe tous les miroirs de la maison contre le mur de cette pièce, car les envahisseurs se laissent facilement berner par leur propre reflet.

Les vaisseaux spatiaux ont souvent un effet désastreux sur les circuits électriques, alors ne compte pas sur la voiture de tes parents pour te sortir de là. Mieux vaut vérifier que les pneus de ton vélo sont bien gonflés si jamais tu devais te déplacer en urgence.

Ces créatures essaient parfois de se déguiser en humains, mais heureusement, ils ne sont pas très doués. Si tu rencontres un tout petit homme aux yeux rouges et à la voix curieusement métallique, suis ton instinct et fuis à toutes jambes.

Les races extra-terrestres réagissent très mal à des choses qui semblent parfaitement naturelles aux terriens, comme l'eau ou un simple rhume. Si jamais tu te trouves nez à nez avec un de ces petits hommes verts, arrose-le avec un pistolet à eau ou éternue dans sa direction.

COMMENT TRICOTER AVEC LES DOIGTS

Cette technique, semblable à celle du tricot classique, est idéale pour les débutantes. Une fois que tu sauras tricoter avec les doigts, tu pourras passer aux aiguilles. Suis les instructions suivantes pour tricoter un long ruban que tu pourras porter en bandeau.

1. Procure-toi une pelote de laine épaisse. Noue l'extrémité du fil autour de l'index de ta main gauche (ou droite si tu es gauchère) sans trop serrer. Laisse pendre l'extrémité sur le dos de ta main.

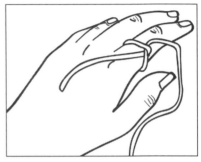

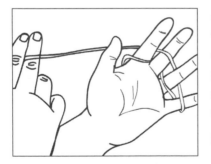

2. Fais passer le fil (celui qui est relié à la pelote) derrière l'index, devant le majeur, derrière l'annulaire et enfin devant l'auriculaire. Ces boucles doivent être un peu lâches.

3. Fais à présent passer le fil devant l'auriculaire, derrière l'annulaire, et ainsi de suite jusqu'à l'index. Répète les étapes deux et trois de façon à avoir deux « rangs » de laine sur chaque doigt. Le second rang doit se trouver au-dessus du premier.

4. Sur l'auriculaire, attrape la maille du bas, fais-la passer par-dessus la première et ôte-la de ton doigt. Répète le même geste sur l'annulaire, et ainsi de suite jusqu'à ce qu'il n'y ait plus qu'un rang de laine autour de tes doigts.

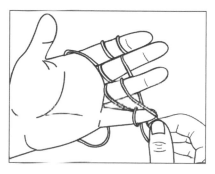

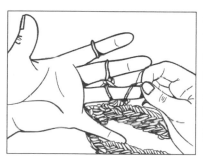

5. Enroule à nouveau le fil de façon à obtenir deux rangs. Répète l'étape quatre. Continue ainsi jusqu'à ce que tu aies tricoté un bandeau assez long pour faire le tour de ta tête.

6. Pour terminer ton tricot, attends de n'avoir qu'un seul rang autour des doigts. Attrape la maille qui se trouve sur l'auriculaire et enfile-la sur l'annulaire : ce doigt porte à présent deux mailles. Glisse la maille du bas par-dessus celle du haut et ôte-la de ton doigt. Attrape la maille restante et enfile-la sur le majeur. Continue de cette manière jusqu'à ce qu'il n'y ait plus qu'une seule maille sur l'index. Coupe le fil de laine relié à la pelote à 15 cm de ta main et glisse l'extrémité dans la maille restante. Ôte-la de ton doigt et tire bien sur le fil pour arrêter le travail.

COMMENT ENVOYER UN SMS EN DEUX TEMPS TROIS MOUVEMENTS

Sais-tu qu'il existe un record du monde de vitesse de rédaction de SMS ? Le dernier en date est de 160 caractères en 41,52 secondes. Plutôt difficile à battre ! Même si tu ne deviens pas la prochaine championne du monde, tu peux tout de même utiliser les abréviations suivantes pour envoyer encore plus de messages.

BIZ	bisous
A+	à plus tard
BI1TO	bientôt
AVT	avant
MNT	maintenant
SDR	je suis de retour
JTD	je t'adore
A12C4	à un de ces quatre
XLT!	excellent!
CC	coucou
JV	j'y vais
SLT	salut
JSPR	j'espère
C 5PA	c'est sympa
BAP	bon après-midi

SAVA ?	comment ça va ?
T NRV ?	tu es énervé ?
CHÉPA	je ne sais pas
T OQP ?	tu es occupé ?
AMA	à mon avis
TKT !	t'inquiète !
2 RI1	de rien
MDR	mort de rire
C PA GRAV	ce n'est pas grave
KK1	quelqu'un
FDBR	fais de beaux rêves
PRK PA	pourquoi pas
RSTP	réponds s'il te plaît
SA CR1	ça craint
T OK ?	tu es d'accord ?
DSL	désolée
MRC	merci
RPL MOI	rappelle-moi
WE	week-end
A2M1	à demain

COMMENT PERSUADER SES PARENTS D'ADOPTER UN ANIMAL

Avant de commencer ta campagne de persuasion, tu dois être absolument sûre de vouloir un animal et surtout être prête à assumer toutes les responsabilités qui vont avec.

Réfléchis bien au type d'animal que tu pourrais accueillir chez toi et dont tu aurais envie de t'occuper. Si tu habites en ville par exemple, un poney est loin d'être le compagnon idéal, même si tu en rêves depuis toujours.

Renseigne-toi au maximum sur l'animal de ton choix. Il te sera plus facile de convaincre tes parents s'ils constatent que tu t'es sérieusement documentée et qu'il ne s'agit pas d'une idée farfelue.

Avant de te confronter à eux, liste toutes les raisons de leur possible refus et essaie d'y apporter des réponses pratiques.

Persévère dans ta démarche, mais n'oublie pas de rester toujours calme et polie. Les caprices et les larmes ne servent à rien et prouvent au contraire que tu n'es pas encore assez responsable pour t'occuper d'un animal.

Essaie de trouver un petit travail en rapport avec les animaux. Tu pourrais aller promener les chiens du voisinage, te rendre utile dans un centre équestre ou encore faire du bénévolat dans un refuge. Devant tant de bonne volonté, il y a des chances pour que tes parents t'accordent leur confiance.

Si une de tes amies possède le compagnon de tes rêves, demande-lui de venir discuter des soins à lui apporter avec tes parents et toi.

Mieux vaut commencer petit. Si tes parents te refusent catégoriquement le chiot dont tu as tellement envie, demande-leur de prendre un animal plus petit comme un hamster ou un poisson rouge. S'ils constatent que tu es capable de t'en occuper sur une longue période, il est possible qu'ils reviennent sur leur décision. Et entre-temps, ton nouvel ami à écailles et toi serez peut-être devenus les meilleurs amis du monde!

COMMENT GAGNER UN PARI

Mets au défi tes amis en leur demandant de plier un morceau de papier en deux plus de sept fois. Ça semble facile et pourtant, peu importe la grandeur de la feuille, c'est impossible. Tu peux promettre à tes amis n'importe quelle récompense s'ils gagnent ce pari, car ils n'y parviendront JAMAIS!

COMMENT MARQUER UN PANIER

Dès que tu réceptionnes la balle, tourne-toi et mets-toi dans l'alignement du panier : tes pieds, tes épaules et tes coudes doivent être dirigés dans sa direction. Pour ne pas perdre l'équilibre, écarte les pieds de la largeur des épaules.

Inspire profondément, stabilise ton corps, concentre-toi sur le panier et ne laisse surtout pas les joueuses adverses te déstabiliser.

Tiens la balle sur le bout des doigts de la main droite (ou de la gauche si tu es gauchère) et place l'autre main sur le côté pour la retenir si elle tombe.

Tends les bras au-dessus de la tête afin que la balle soit en direction du panier.

Lorsque tu es prête à tirer (prends ton temps), fléchis les genoux comme pour t'accroupir tout en gardant le dos bien droit et le regard fixé sur le panier.

Mets les mains légèrement derrière la tête puis saute en les ramenant vers l'avant. Tends les bras en relâchant la balle en direction du panier.

Pour augmenter tes chances de marquer, donne un peu d'effet à la balle en fouettant le poignet au moment du tir. De cette manière, si elle touche le cercle elle rebondira à l'intérieur.

COMMENT DÉCHIFFRER LE LANGAGE CORPOREL DE SON INTERLOCUTEUR

Parfois, le langage oral et le langage corporel sont complètement contradictoires, alors utilise la liste ci-dessous pour déchiffrer les attitudes des personnes que tu côtoies.

Se ronger les ongles : nervosité, inquiétude

S'enfoncer dans son fauteuil les bras ballants : bien-être

Mâchoire serrée, muscles tendus : colère

Bras croisés : contestation

Mains croisées derrière la tête : confiance en soi

Se gratter le nez : mensonge

Visage tourné, yeux baissés : incrédulité

Pianoter avec les doigts : impatience

Se recoiffer : inquiétude

Tête penchée : intérêt

Se caresser le menton : prise de décision

Se tirer sur l'oreille : hésitation

Se pincer le bout du nez les yeux fermés : réflexion

COMMENT JOUER AU PETIT CHIMISTE

1. Pour faire pousser un cristal, commence par préparer une solution saline concentrée en dissolvant du sel de table dans de l'eau tiède. Pour obtenir une concentration suffisante de sel, ajoutes-en jusqu'à ce qu'il ne se dissolve plus et que tu vois de petits grains au fond du récipient.

2. Remplis aux deux tiers un pot de confiture propre de cette solution et conserve précieusement le reste.

3. Attache un petit caillou à un crayon à l'aide d'un fil de coton. Dépose le crayon en travers de l'ouverture du pot de façon à ce que le caillou trempe dans la solution.

4. Dépose le pot dans un endroit chaud comme un rebord de fenêtre ensoleillé. Laisse l'eau s'évaporer en ajoutant de temps à autre un peu de solution pour maintenir le caillou immergé.

5. Sous l'action de l'évaporation, des cristaux de sel vont commencer à apparaître sur le caillou. Après quelques semaines, tu auras un joli cristal.

Pour obtenir un cristal de couleur, ajoute quelques gouttes de colorant alimentaire à la solution saline.

COMMENT FAIRE DU PAIN DE MIE

Bien sûr, pétrir son pain soi-même est beaucoup plus fatigant que de l'acheter mais tellement meilleur! Imagine cette bonne odeur de pain chaud qui sort du four... et les jolis bras musclés que ce travail va t'apporter!

1. Dans un saladier, mélange 225 g de farine de blé avec une cuillerée à thé de sel et une cuillerée à thé de sucre.

2. Ajoute une cuillerée à soupe de margarine et mélange-la à la farine avec les doigts.

3. Verse un sachet de levure de boulanger dans le saladier et mélange à nouveau, toujours avec les doigts.

4. Verse à présent 150 ml d'eau tiède sur le mélange. Il est important que l'eau soit tiède et pas chaude sinon la pâte ne lèvera pas.

5. Tourne le mélange à l'aide d'une cuillère en bois. Lorsqu'il commence à épaissir et que tu ne peux plus utiliser la cuillère, lave-toi soigneusement les mains et pétris la pâte jusqu'à ce qu'elle se décolle des bords.

6. Maintenant, voici la séance de gymnastique! Farine le plan de travail et déposes-y la pâte. Tu vas devoir la pétrir longuement pour qu'elle devienne lisse et élastique. Avec la paume de tes mains, étale la pâte en la poussant devant toi puis roule-la à nouveau en boule en appuyant bien avec tes poings fermés. Retourne-la et continue ainsi pendant cinq minutes.

7. À l'aide d'un pinceau, huile légèrement la pâte puis enroule-la dans un torchon avant de la placer dans un endroit tiède comme un four légèrement préchauffé par exemple. La chaleur va permettre à levure de faire gonfler la pâte.

8. Une fois qu'elle a doublé de volume, travaille-la à nouveau pour en faire sortir l'air. On appelle cela «rompre la pâte». Donne-lui à présent une forme qui te plaît avant de passer à la cuisson.

9. Préchauffe le four à 230°C - 450°F/Thermostat 8.

10. Retire la pâte du torchon, dépose-la sur une plaque légèrement huilée et laisse cuire pendant environ 25 minutes. La cuisson est terminée quand le pain a pris une belle couleur dorée et qu'il sonne creux quand on tapote le dessous.

11. Mets le pain à refroidir sur une grille sinon il sera mou et déguste-le encore tiède. Il n'existe rien de meilleur!

COMMENT DEVENIR DANSEUSE ÉTOILE

La danse classique est un art qui demande de la persévérance, du travail et des leçons régulières. Pour commencer, il faut apprendre les cinq positions de base.

Le poids du corps doit toujours être équitablement réparti entre les deux jambes, le dos plat et le regard fixé loin devant.

Première position. Tourne les pointes vers l'extérieur tout en collant les talons de façon à ce que tes pieds forment une ligne droite. C'est toute la jambe à partir de la hanche qui doit pivoter, pas uniquement le pied. Arrondis les bras devant toi au niveau de la taille comme si tu tenais un gros ballon de plage.

Deuxième position ou seconde.
Garde les pieds dans la position précédente en écartant les talons de la longueur d'un pied.

Tends les bras sur les côtés, les mains au niveau de la taille et les paumes dirigées vers le sol.

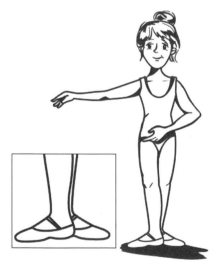

Troisième position. Les pointes toujours tournées vers l'extérieur, colle le talon d'un des deux pieds au milieu de l'autre pied de façon à cacher la voûte plantaire.

L'un des bras est en première (devant toi) et l'autre en seconde (sur le côté).

Quatrième position. Elle est un peu plus difficile. Les pointes tournées vers l'extérieur, glisse un pied devant l'autre : les pointes et les talons doivent être alignés et les jambes écartées de la longueur d'un pied.

Ici, un bras est en seconde et l'autre est arrondi au-dessus de la tête.

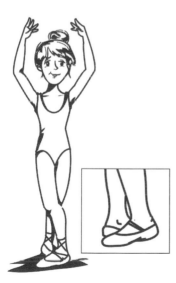

Cinquième position. Elle est réservée aux danseuses un peu plus expérimentées. Les pieds se trouvent dans la même position que pour la quatrième, mais cette fois-ci ils sont collés l'un à l'autre.

Amène les bras en couronne au-dessus de la tête. Attention, ils ne doivent pas être à la verticale mais légèrement avancés.

COMMENT FABRIQUER
UNE CORBEILLE EN PAPIER MÂCHÉ

1. Pour préparer la colle, verse une tasse de farine dans une casserole contenant deux verres d'eau froide. Mets la casserole sur le feu et verses-y deux verres d'eau bouillante. Porte à ébullition en remuant constamment. Ôte la casserole du feu, ajoute au mélange trois cuillerées à soupe de sucre et laisse refroidir.

2. Protège le plan de travail avec du papier journal car ce qui suit est très salissant.

3. Gonfle un ballon et ferme-le par un nœud : il va te servir de moule pour ta corbeille ;

4. Déchire d'étroites bandes de papier journal d'environ 20 cm de long et trempe-les dans la colle que tu as préparée. Glisse tes doigts le long des bandes pour enlever l'excédent puis applique-les sur le ballon. Lisse bien pour éviter les bulles d'air et les amas. Continue jusqu'à ce que la moitié du ballon soit recouverte (celle qui ne porte pas le nœud).

5. Laisse sécher cette couche de bandelettes avant d'en ajouter une autre. Superpose plusieurs couches de papier encollé en laissant sécher entre chaque.

6. Lorsque tout le papier journal est sec, perce le ballon et décolle-le.

7. Découpe le bord de la corbeille pour qu'il soit bien net puis décore-la avec de la peinture et des paillettes.

COMMENT ÉLEVER DES POUSSINS

Procure-toi une cage suffisamment grande pour accueillir les poussins. Chacun d'entre eux aura besoin d'environ 40 cm² d'espace. Recouvre le fond de la cage de 2½ cm de copeaux de bois.

Les poussins craignent le froid. Une ampoule spéciale de 250 Watts placée 45 cm au-dessus du fond de la cage pourra garder au chaud jusqu'à cinquante petits.

Assure-toi qu'une partie de la cage est l'abri de la chaleur de la lampe pour que les poussins puissent se rafraîchir. Pour les protéger des courants d'air, recouvre les côtés de la cage de carton.

Indique aux poussins où se trouve la nourriture en dispersant des graines sous la mangeoire.

Vérifie très souvent qu'ils ont assez d'eau. Trempe le bec de chaque poussin dans l'eau lorsque tu la déposes dans la cage pour qu'il sache où la trouver.

COMMENT DEVINER LE CARACTÈRE D'UNE PERSONNE GRÂCE À SON ÉCRITURE

L'analyse de l'écriture révèle souvent de grands secrets sur la personnalité de quelqu'un. Demande à tes amis de te donner un échantillon de leur écriture et essaie d'y reconnaître l'une des caractéristiques suivantes :

Quelle belle écriture soignée

Une écriture très soignée signifie que la personne est digne de confiance et aime le contact avec les autres. Une écriture négligée est le propre d'un cachottier.

Plus vraie que nature

Petite et discrète

De grosses lettres révèlent que leur auteur aime être le centre d'attention. En revanche, les petites lettres indiquent un caractère réservé et un sens aigu du détail.

Penchée à gauche   *Penchée à droite*

Si l'écriture penche à gauche, la personne préfère garder ses sentiments pour elle. Si elle penche à droite, la personne est ouverte et honnête.

Lettres séparées

Lettres liées

Une écriture avec des lettres séparées indique un sens artistique prononcé, tandis qu'une écriture liée révèle une nature très prudente.

Lettres pointues

Lettres rondes

Les lettres rondes désignent une personne à l'esprit logique qui se trompe rarement. Les lettres pointues sont le signe d'un esprit vif et perspicace.

AUTRES TITRES DE LA COLLECTION :